道路工程制图与识图习题册

主编 张世海

西南交通大学出版社

·成都·

图书在版编目（CIP）数据

道路工程制图与识图习题册 / 张世海主编. -- 成都：西南交通大学出版社，2024.7. -- ISBN 978-7-5643-9929-0

Ⅰ. U412.5-44

中国国家版本馆 CIP 数据核字第 202427MH86 号

责任编辑　　韩洪黎
封面设计　　曹天擎

道路工程制图与识图习题册

主编　张世海

出 版 发 行	西南交通大学出版社 （四川省成都市二环路北一段 111 号 西南交通大学创新大厦 21 楼）
营 销 部 电 话	028-87600564　028-87600533
邮 政 编 码	610031
网　　　　址	http://www.xnjdcbs.com
印　　　　刷	四川森林印务有限责任公司
成 品 尺 寸	260 mm×185 mm
印　　　　张	4.5
字　　　　数	111 千
版　　　　次	2024 年 7 月第 1 版
印　　　　次	2024 年 7 月第 1 次
书　　　　号	ISBN 978-7-5643-9929-0
定　　　　价	15.00 元

图书如有印装质量问题　本社负责退换
版权所有　盗版必究　举报电话：028-87600562

前 言

《道路工程制图与识图习题册》是根据高等职业教育教学改革和道路桥梁工程技术等相关专业人才培养目标的要求，结合道路工程制图课程改革的实际，参照《道路工程制图标准》（GB 50162—1992）编写的。

本习题册编写的指导思想是：

1. 力求把图示方法、制图标准和制图技能三者较好地结合起来，达到提高空间分析能力、绘图能力、读图能力和应用制图标准能力的目的。
2. 帮助学生理解、消化和巩固所学基础理论和基本知识，训练和提高学生的空间想象能力。
3. 便于教师更好地发挥主导作用，应用习题中的多种训练形式，启发、引导和培养学生的图学思维能力，提高基本技能。
4. 遵循认识规律和职业特色，习题册在内容编排上，采取由浅入深、由易到难、由简到繁和够用为度的原则，以培养学生的基本技能为重点。
5. 在各项训练中提醒学生注意：先建立感性认识，充分理解题意和要求，善于利用已知条件，仔细观察、分析抽象的图形，再去寻求解题思路和方法，最后顺利完成作业的过程，也是培养和训练学生发现问题、分析问题、解决问题、增长能力的过程。
6. 本习题册以配套教材为依托，编排了教材各模块、各项目中的项目任务，供学生课堂练习。同时，也编排了相应的课外能力训练任务，供学生进行课外练习，把基本概念和有关规定等知识点融入任务之中，使理论知识与实际运用有机结合在一起，提高学生的构思与识图能力。
7. 考虑到不同专业在教学时数安排和教学目标上的差异，习题数量和难度有一定的弹性，教师可根据具体情况和教学需要选用。
8. 为培养严肃认真、一丝不苟的工作作风和良好职业素质，要求学生在完成作业时，严格遵守相关国家标准的规定，所有习题解答一律用铅笔作图，作图线轻而细，作图结果必须加深，达到清晰、准确的要求，大作业则严格按指导书中的要求进行，确保图面质量。

本习题册由甘肃交通职业技术学院张世海和甘肃省交通勘察设计院股份有限公司张丹阳编制。在编写过程中，很多同行提供了支持和帮助，并提出了宝贵意见，在此特致诚挚的谢意。虽然我们在本习题册的编写过程中尽了最大努力，但由于编写时间仓促，加之水平有限，不足之处在所难免，恳请广大师生批评指正，以便再版时进行修正。

编 者

2023年6月

目 录

模块一 制图基本知识与技能 ········· 1	项目五 将行车道板的三面投影图改画成适当的剖面图并进行尺寸标注 ··41
项目一 绘制给定的平面图形 ········· 3	项目六 绘制变截面梁各指定位置的移出断面图 ········· 44
项目二 绘制立体交叉平面图 ········· 5	项目七 绘制坝面、河岸、河底间的坡面交线及坡脚线 ········· 46
项目三 绘制拱门图 ············· 7	项目八 绘制沿道路中心线剖切的路线纵断面图和指定位置的横断面图 ··47
模块二 投影基本知识 ············· 12	项目九 绘制水平广场的填挖边界线 ········· 50
项目一 根据已知的立体图找出与其对应的三面投影图 ········· 12	模块四 专业工程图识读 ············· 51
项目二 根据已知的三面投影图找出与其对应的立体图 ········· 13	项目一 识读路线平面图 ············· 51
项目三 根据三面投影图绘制挡土墙的轴测投影图 ········· 16	项目二 识读路线纵断面图 ············· 53
项目四 完成桥墩模型的侧面投影图 ········· 20	项目三 识读路基横断面图 ············· 55
项目五 完成桥墩的正立面投影图 ········· 26	项目四 识读钢筋混凝土矩形梁钢筋结构图 ········· 59
项目六 完成涵洞口模型的侧面投影图 ········· 26	项目五 识读钢筋混凝土T形梁桥总体布置图 ········· 60
项目七 完成边沟模型的水平面投影图 ········· 26	项目六 识读钢筋混凝土T形梁桥主梁骨架结构图 ········· 61
项目八 完成隧道洞门墙的水平面投影图 ········· 26	项目七 识读钢筋混凝土桥墩构造图 ········· 62
模块三 形体表达方法 ············· 30	项目八 识读钢筋混凝土T梁翼板钢筋布置图 ········· 63
项目一 绘制桥台和榫头的三面投影图 ········· 30	项目九 识读隧道洞门图 ············· 64
项目二 对U形桥台的投影图进行尺寸标注 ········· 33	项目十 识读钢筋混凝土圆管涵构造图 ········· 65
项目三 阅读拱涵洞口两面投影图完成第三面投影图 ········· 35	项目十一 识读钢筋混凝土盖板涵构造图 ········· 66
项目四 将窨井的投影图改画成适当的剖面图 ········· 39	

课外作业：1-1 字体练习，按给定大小用铅笔书写长仿宋字体。

| 模块一 | 制图基本知识与技能 | 班级 | 姓名 | 学号 | 评阅 |

1-2 数字、字母练习，按给定大小用铅笔书写数字或字母。

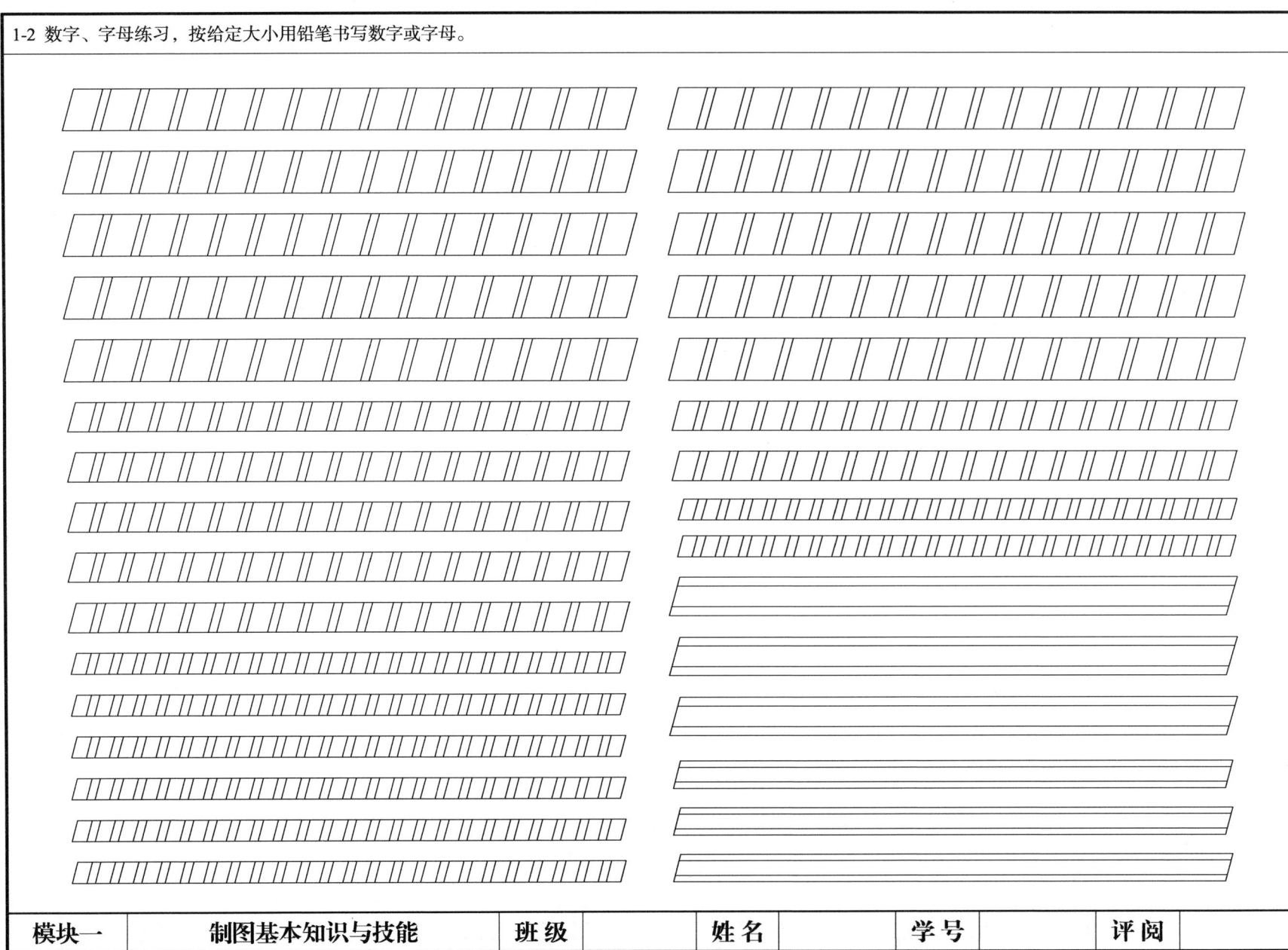

| 模块一 | 制图基本知识与技能 | 班级 | | 姓名 | | 学号 | | 评阅 | |

项目一：项目任务——根据图中所注尺寸（单位：mm），用1∶1的比例将下列图样绘制在后面的空白页上。

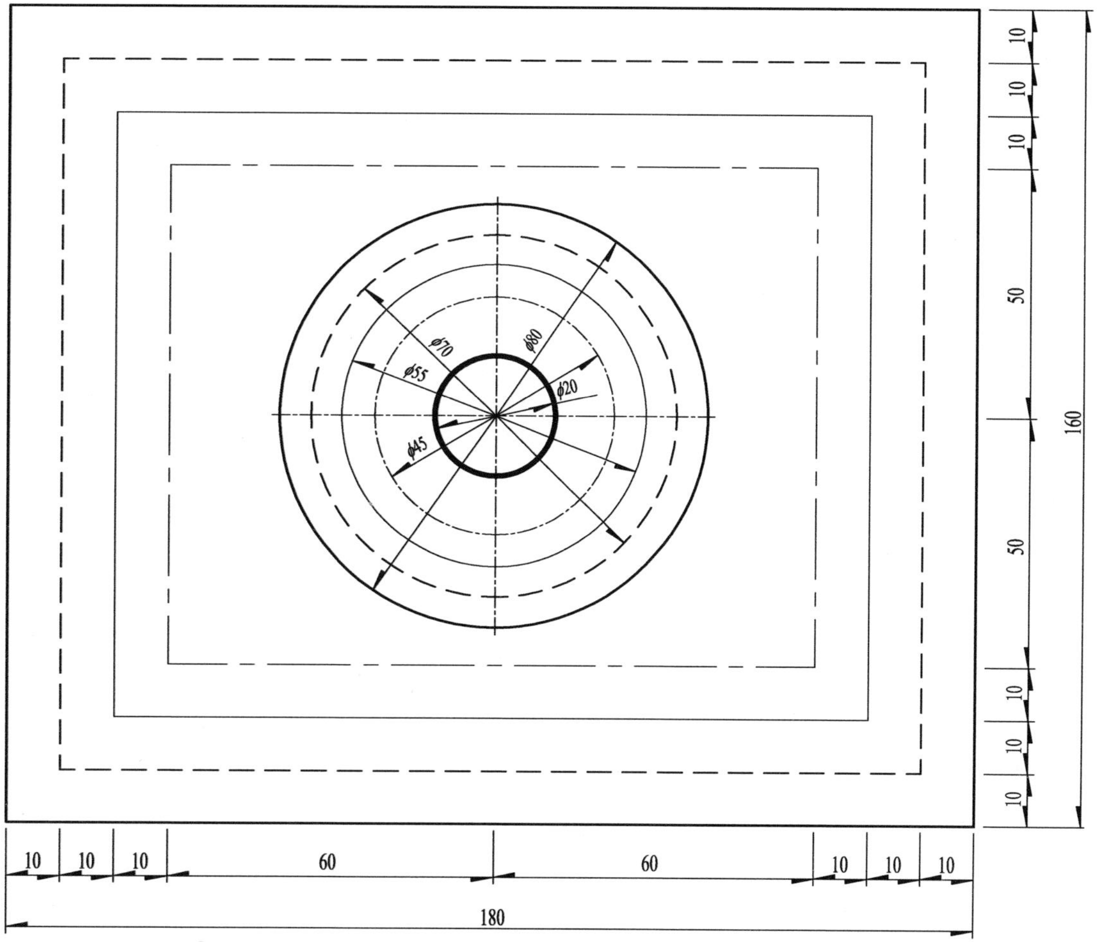

| 模块一 | 制图基本知识与技能 | 班级 | | 姓名 | | 学号 | | 评阅 | |

| 模块一 | 制图基本知识与技能 | 班级 | | 姓名 | | 学号 | | 评阅 | |

项目二：项目任务——根据图中所注尺寸，自选比例绘制立体交叉平面图。

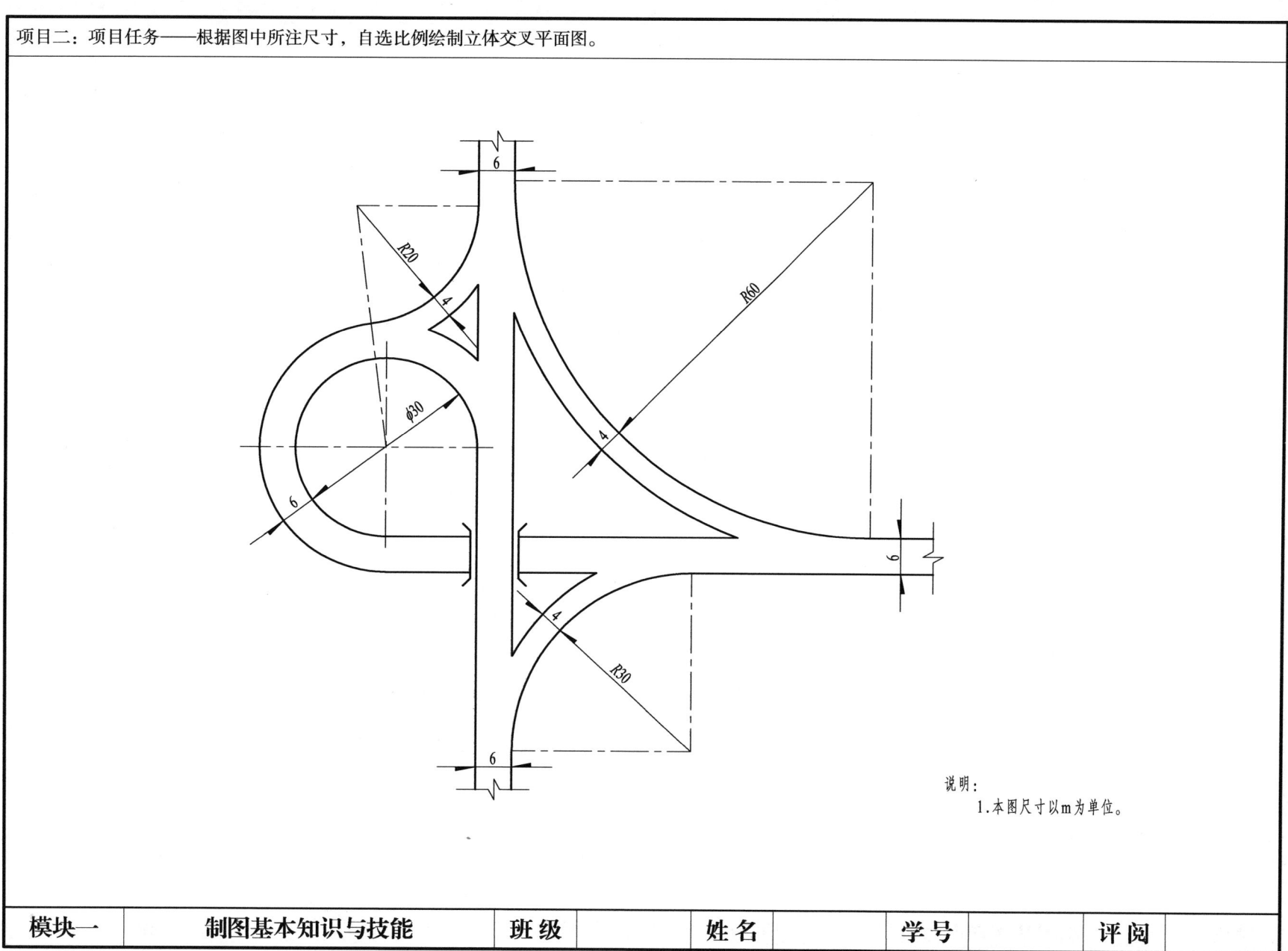

说明：
1.本图尺寸以m为单位。

| 模块一 | 制图基本知识与技能 | 班级 | | 姓名 | | 学号 | | 评阅 | |

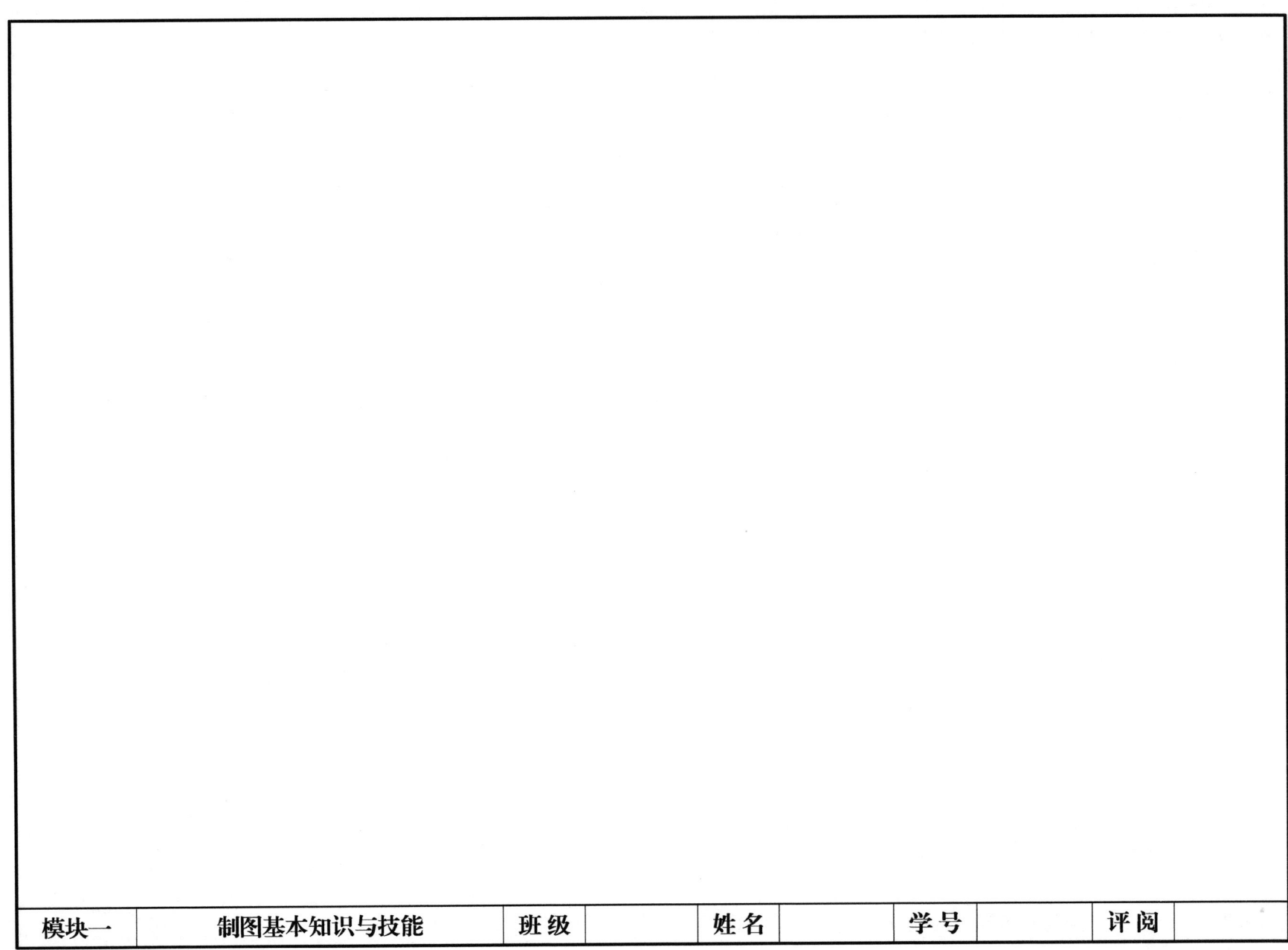

项目三：项目任务——根据图中所注尺寸，自定比例绘制拱门图。

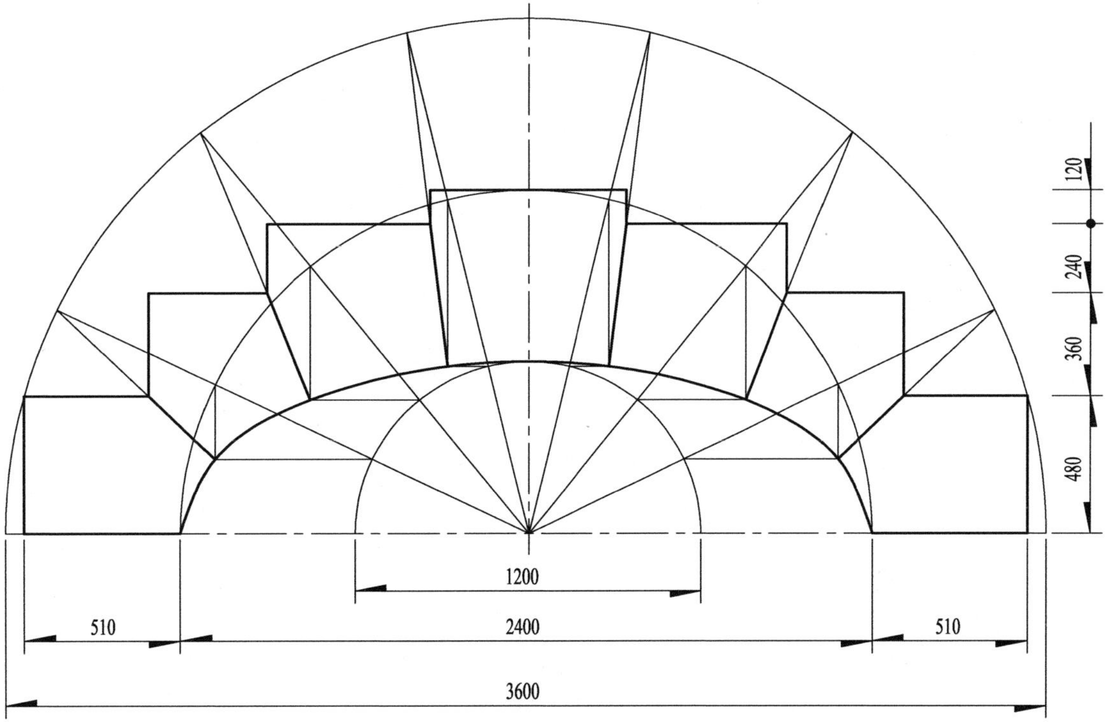

说明：
1. 本图尺寸以mm为单位。

| 模块一 | 制图基本知识与技能 | 班级 | 姓名 | 学号 | 评阅 |

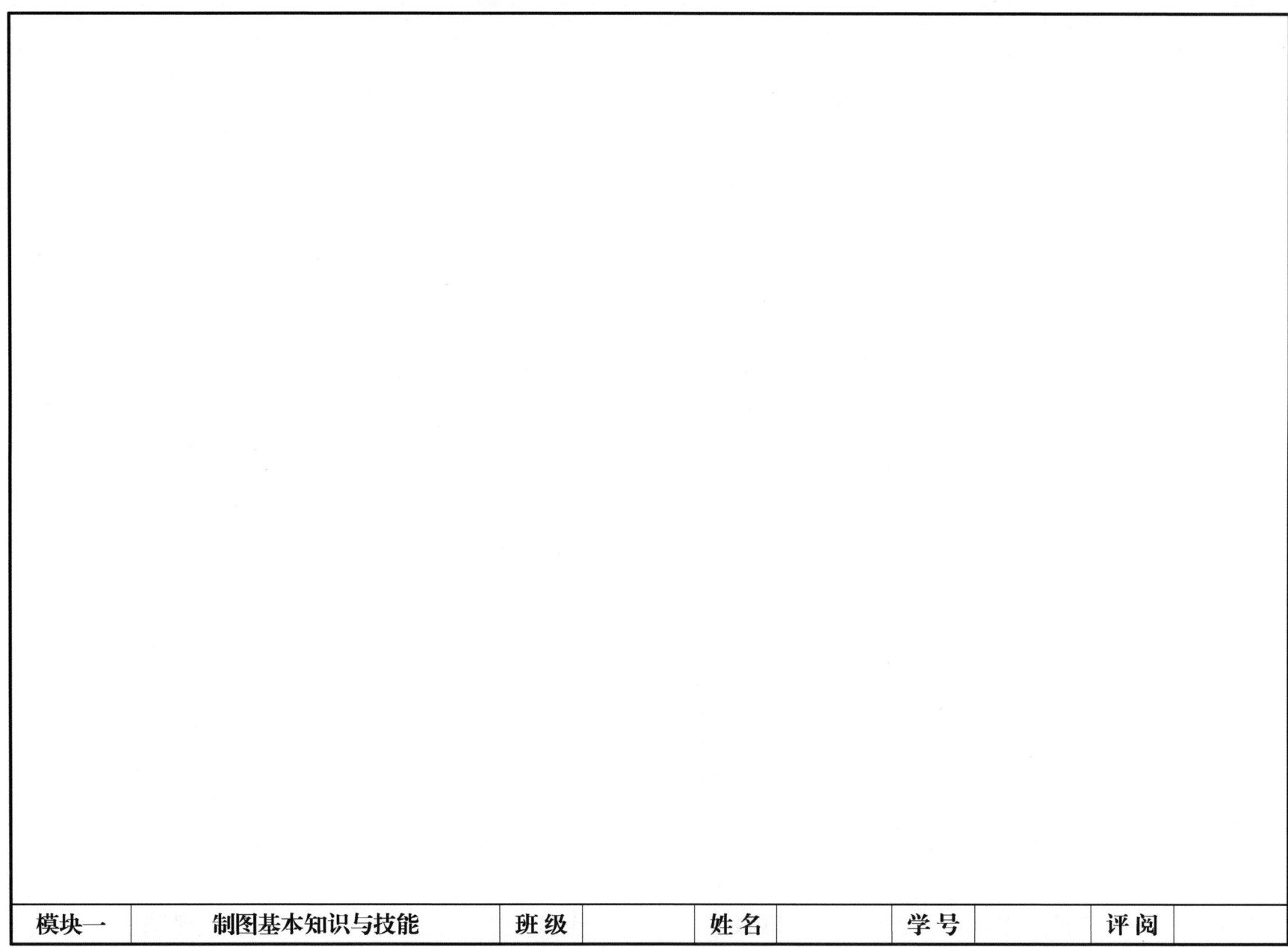

| 模块一 | 制图基本知识与技能 | 班级 | | 姓名 | | 学号 | | 评阅 | |

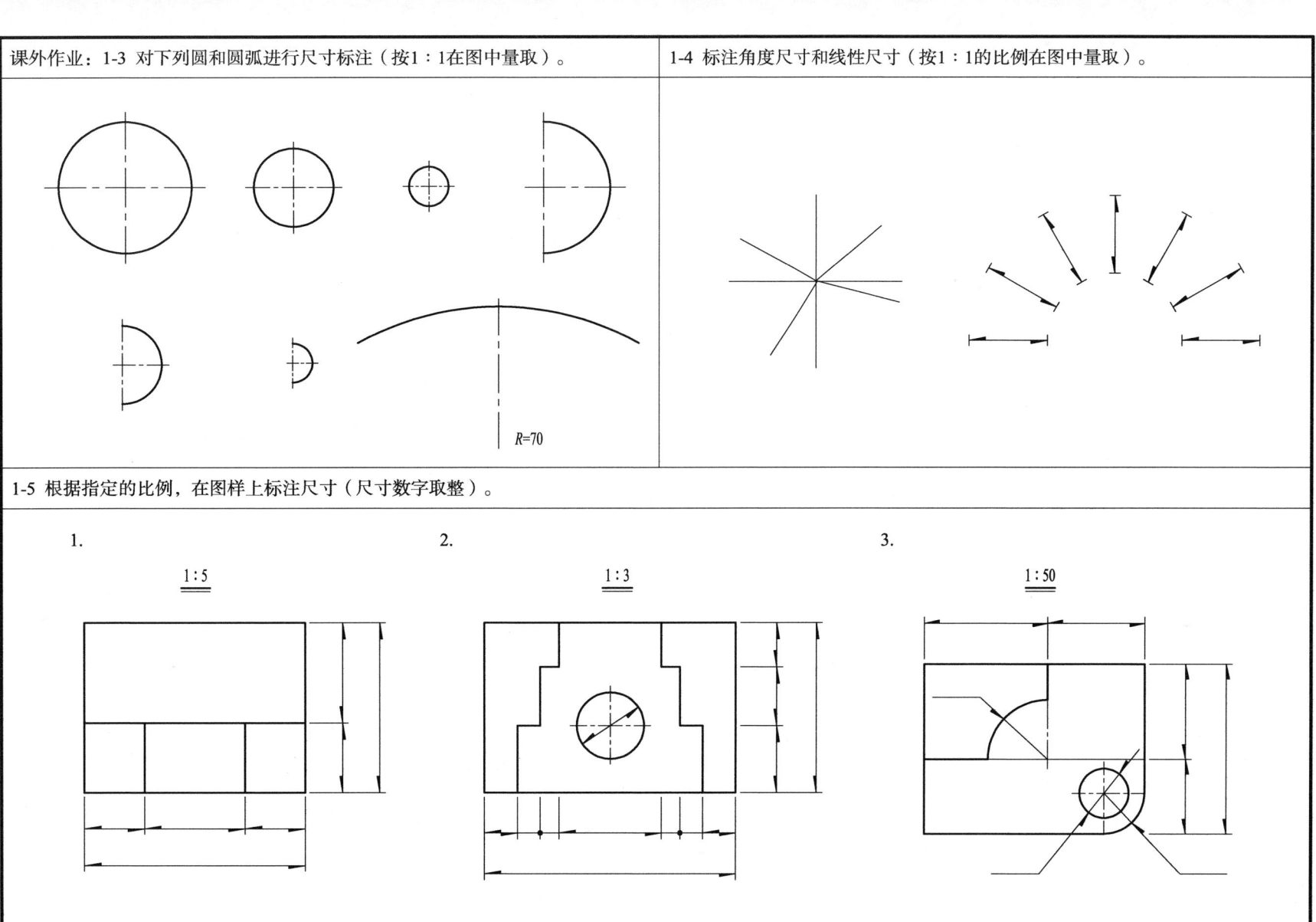

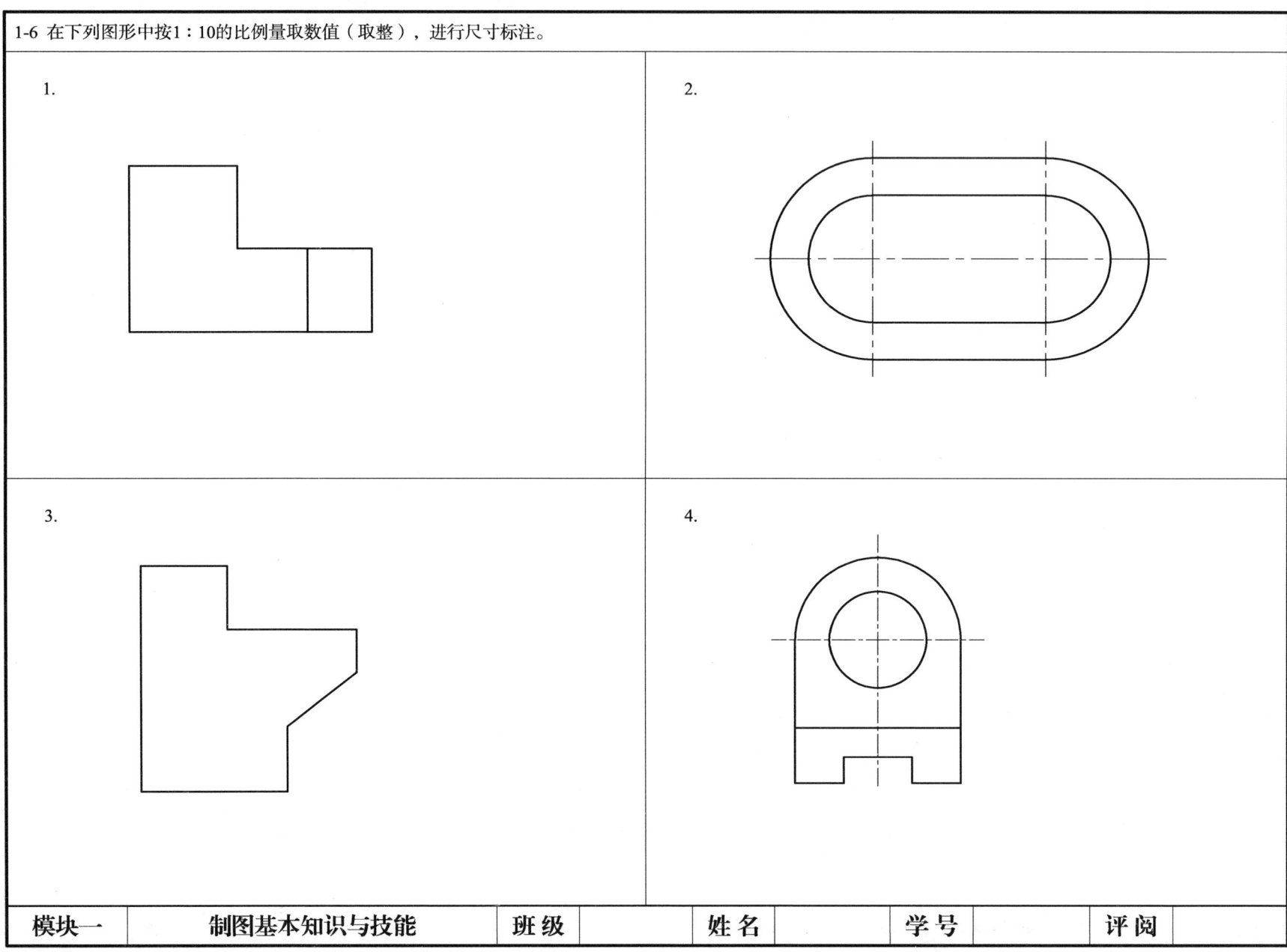

1-7 作出圆O的内接正五角星。

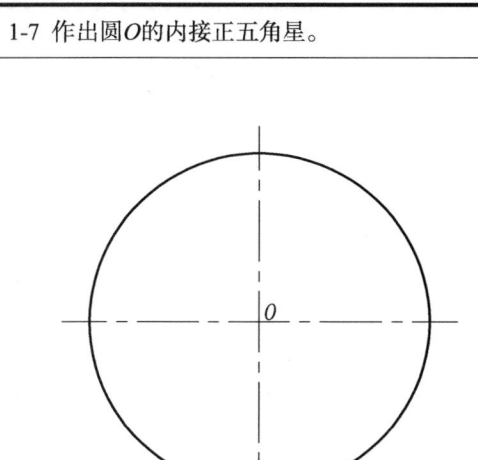

1-8 用已知半径作圆弧连接两相交直线。

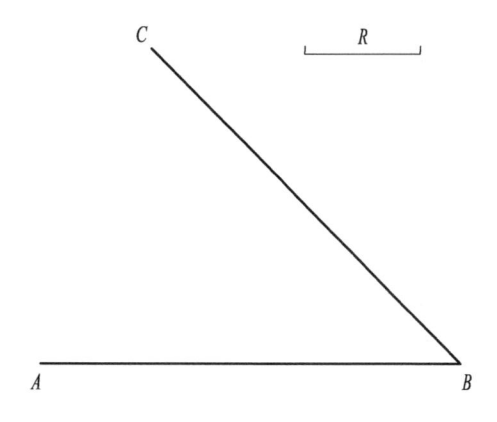

1-9 用已知半径作圆弧与两已知圆弧外连接。

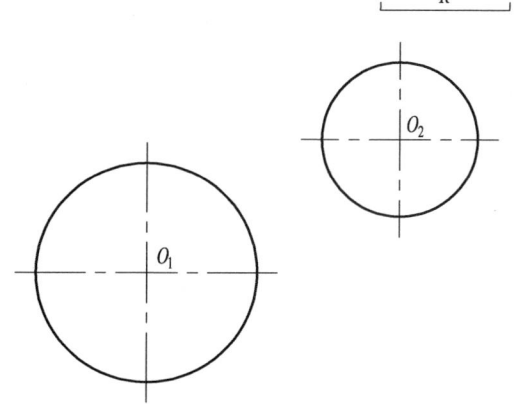

1-10 按1:1的比例绘制下面的平面图形，并标注尺寸。

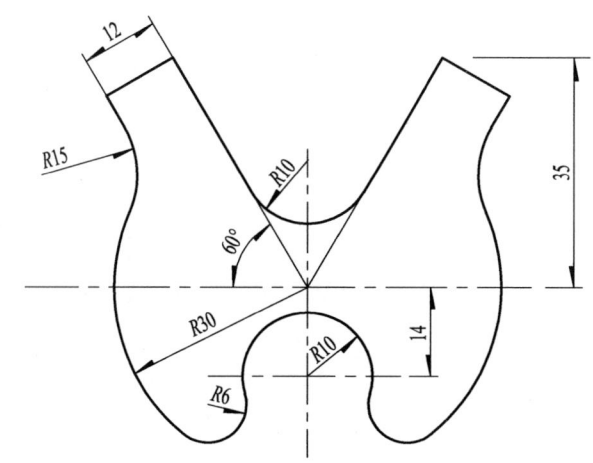

| 模块一 | 制图基本知识与技能 | 班级 | | 姓名 | | 学号 | | 评阅 | |

项目一：项目任务——根据所给投影方向，用1∶1的比例测绘挡土墙模型的三面投影图。

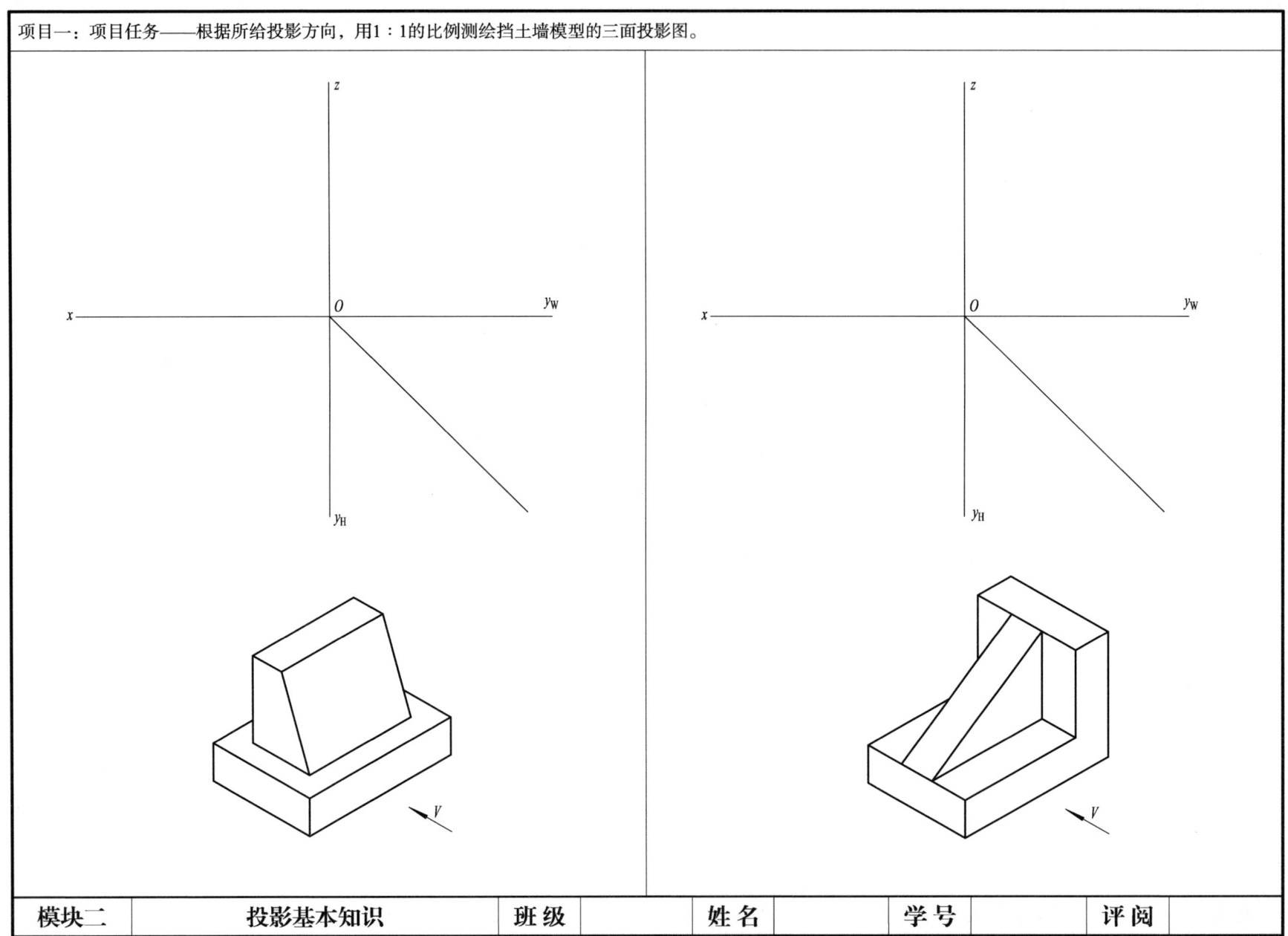

| 模块二 | 投影基本知识 | 班级 | | 姓名 | | 学号 | | 评阅 | |

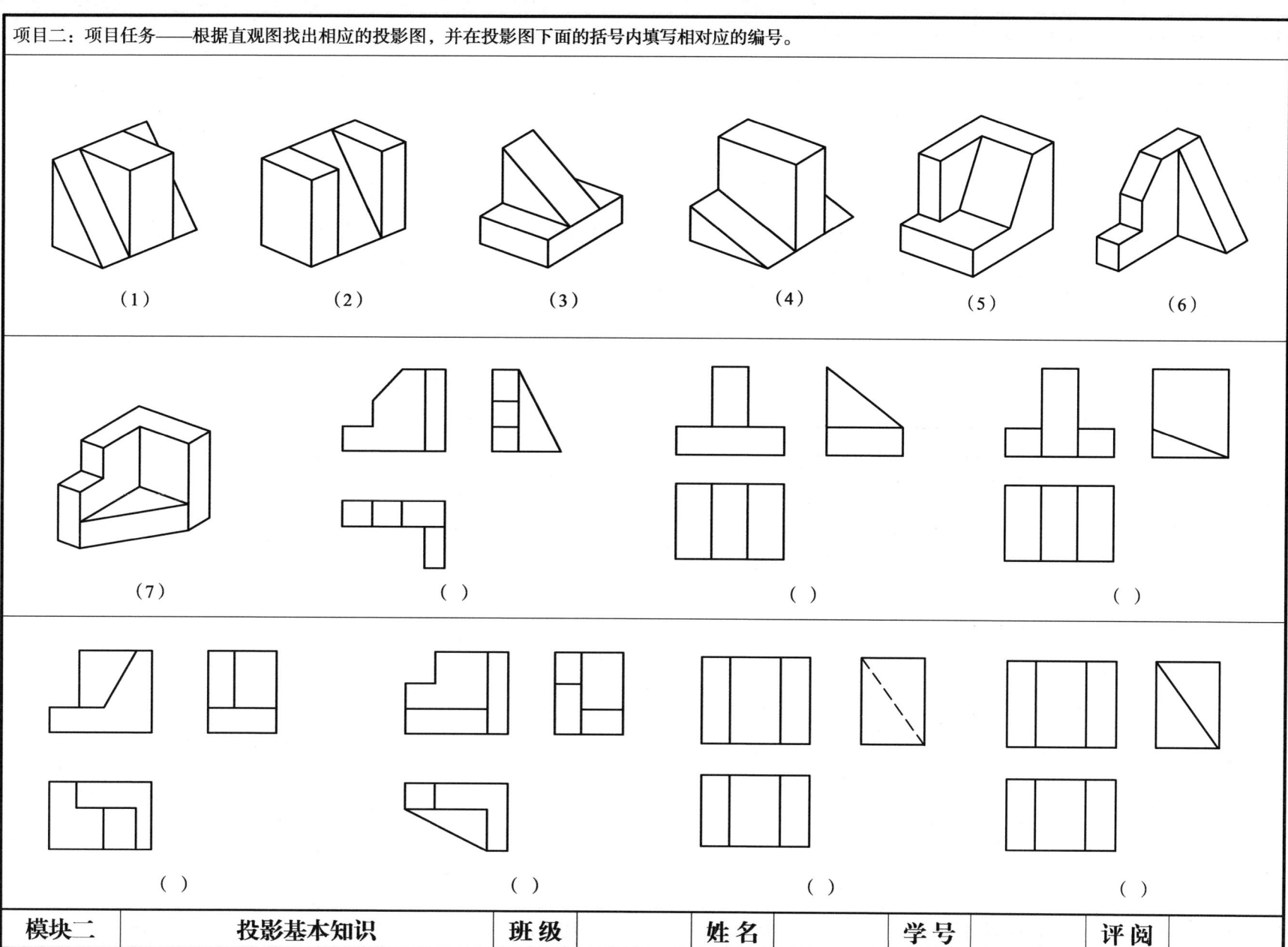

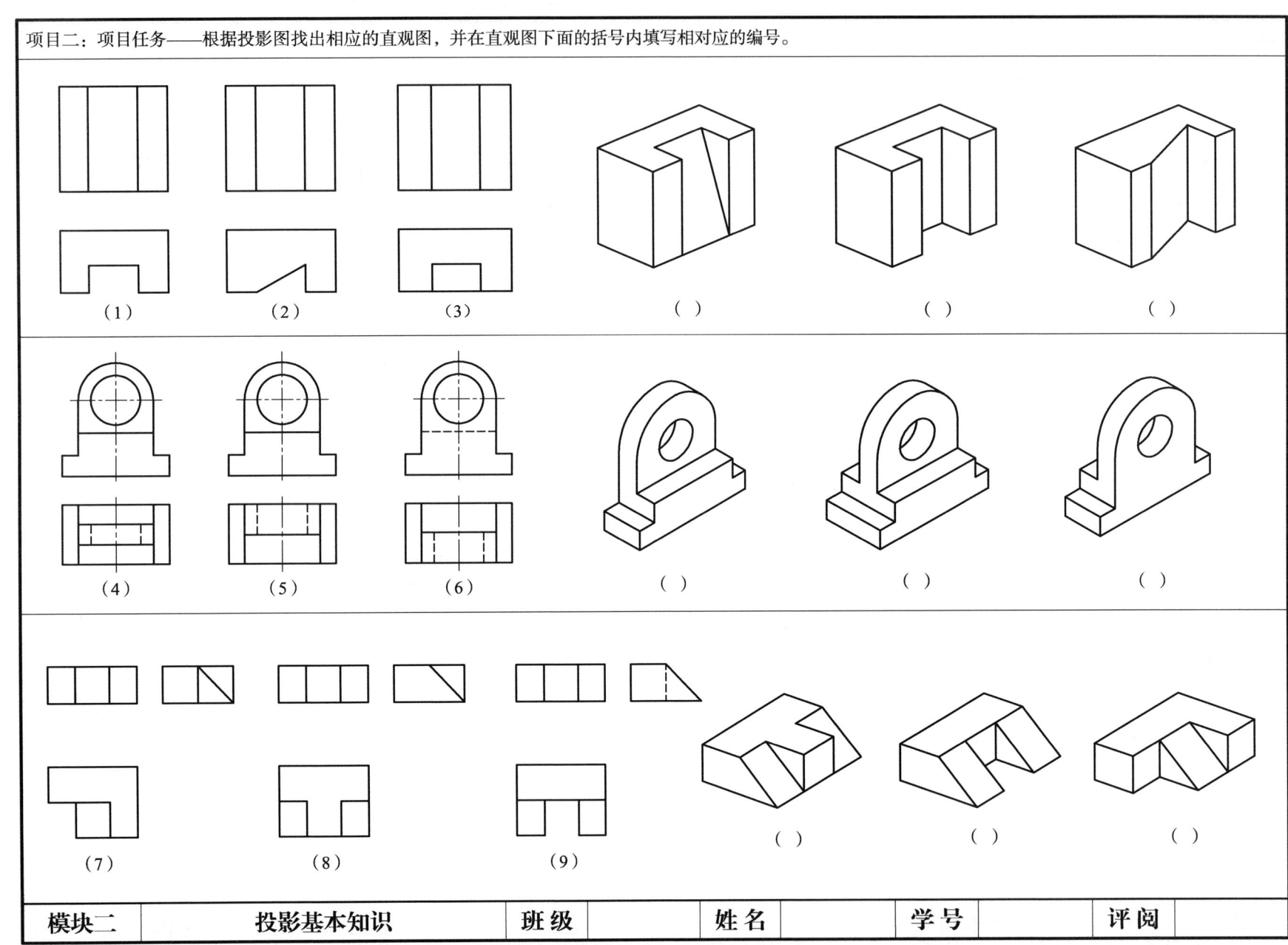

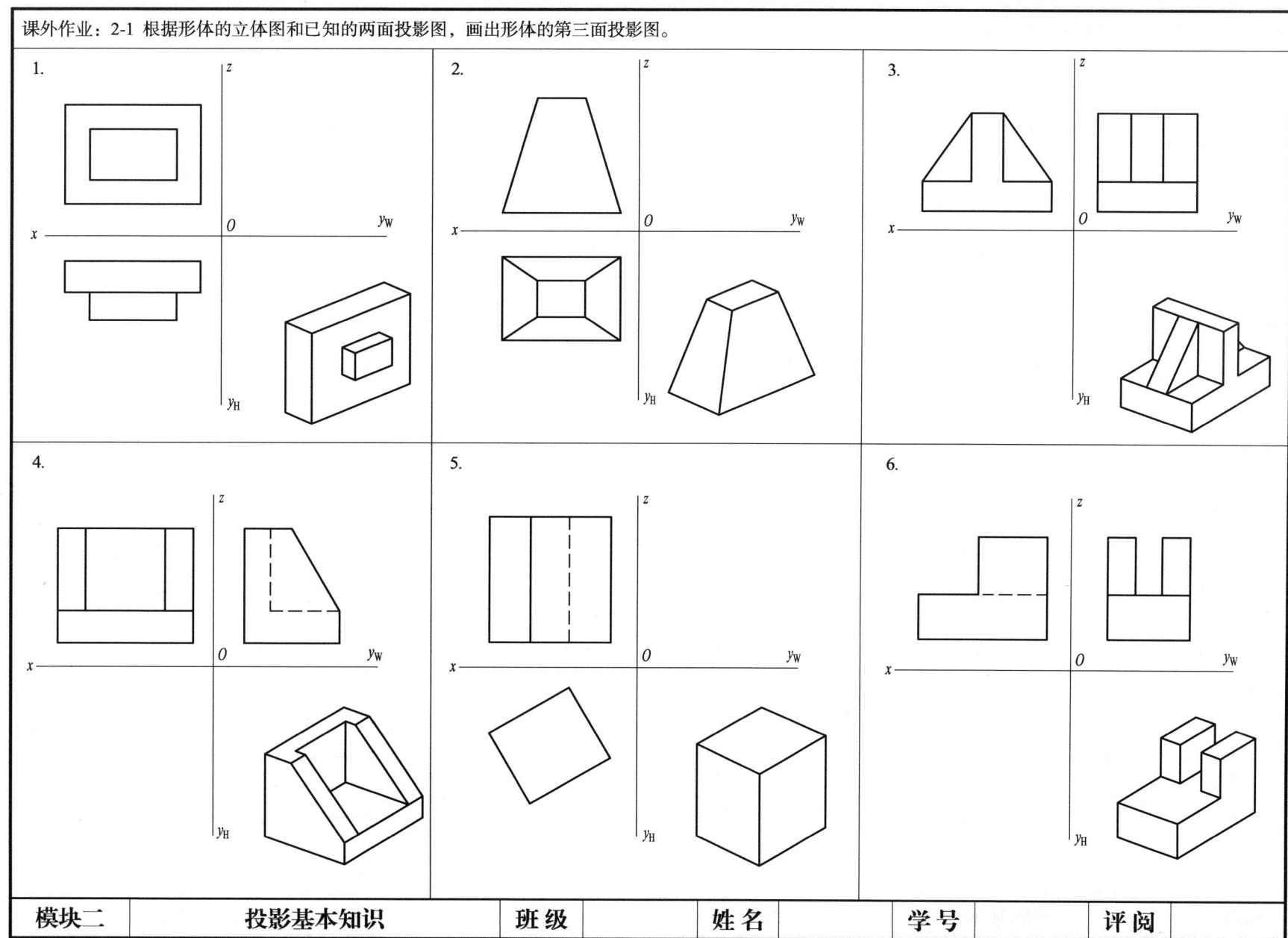

项目三：项目任务——根据挡土墙模型投影图的变化，想象物体的空间图形，并在下一页绘制其对应的正等轴测草图。

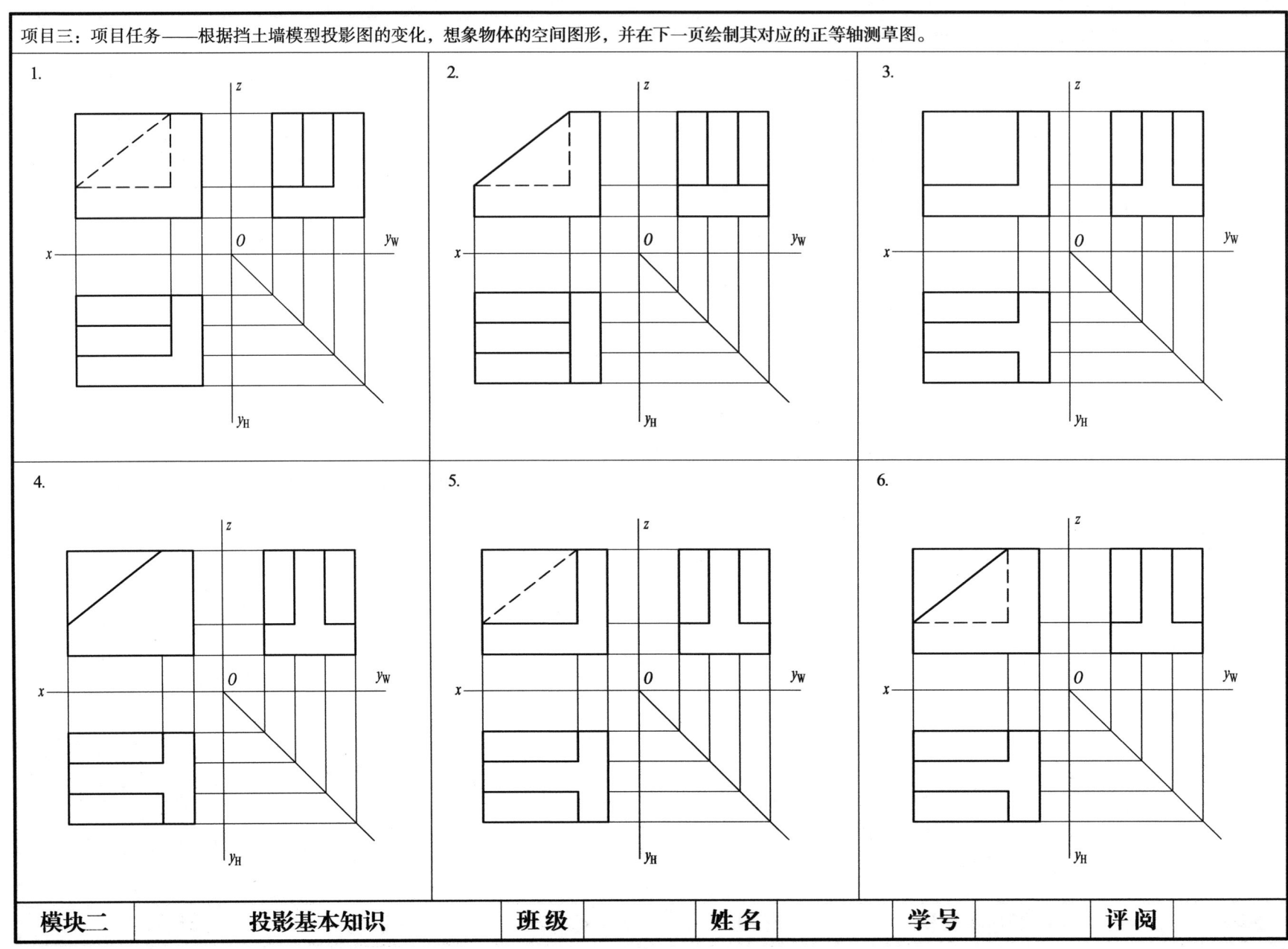

项目三：项目任务——绘制上一页对应的正等轴测草图。

1.	2.	3.
4.	5.	6.

模块二	投影基本知识	班级	姓名	学号	评阅

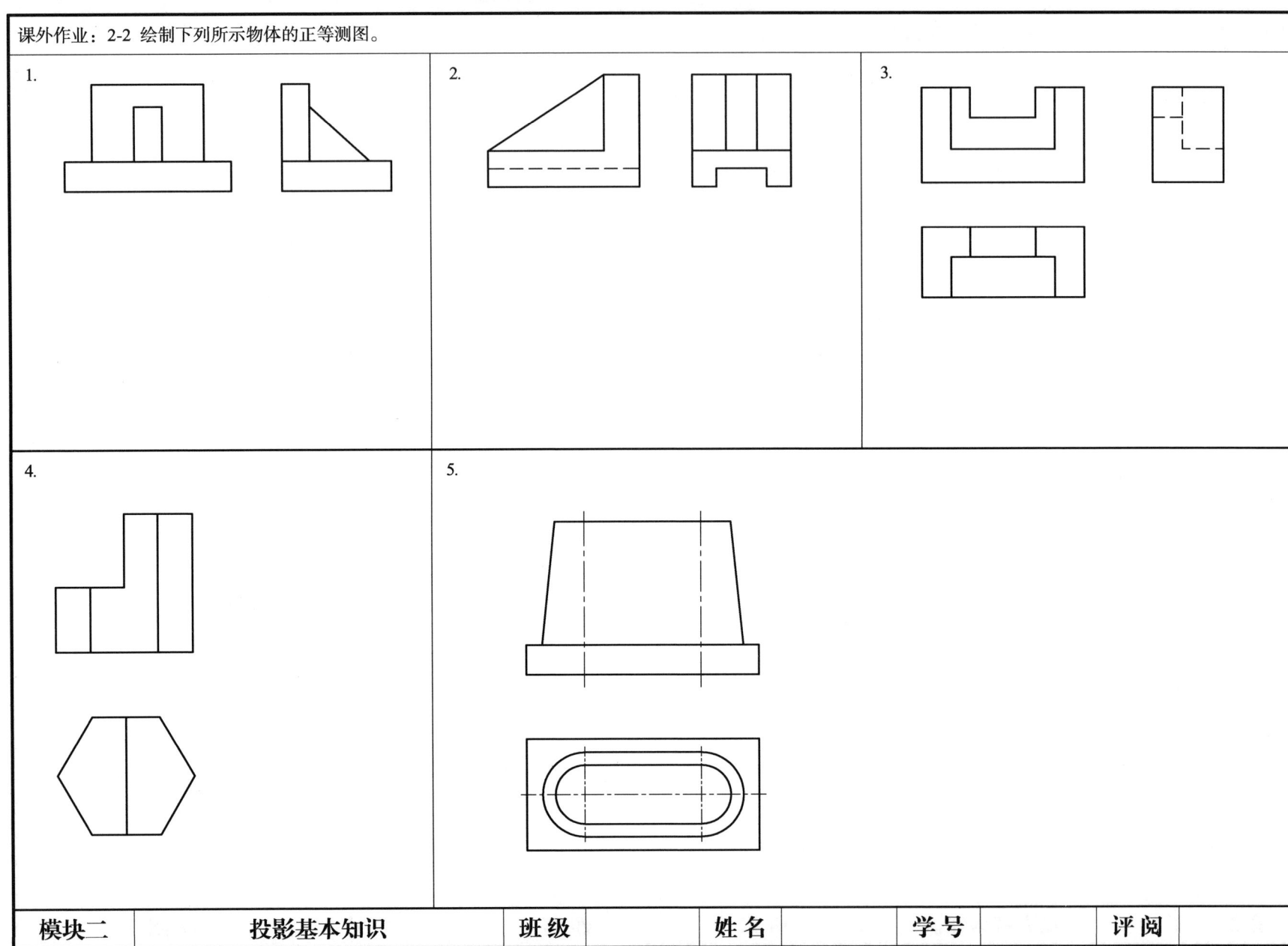

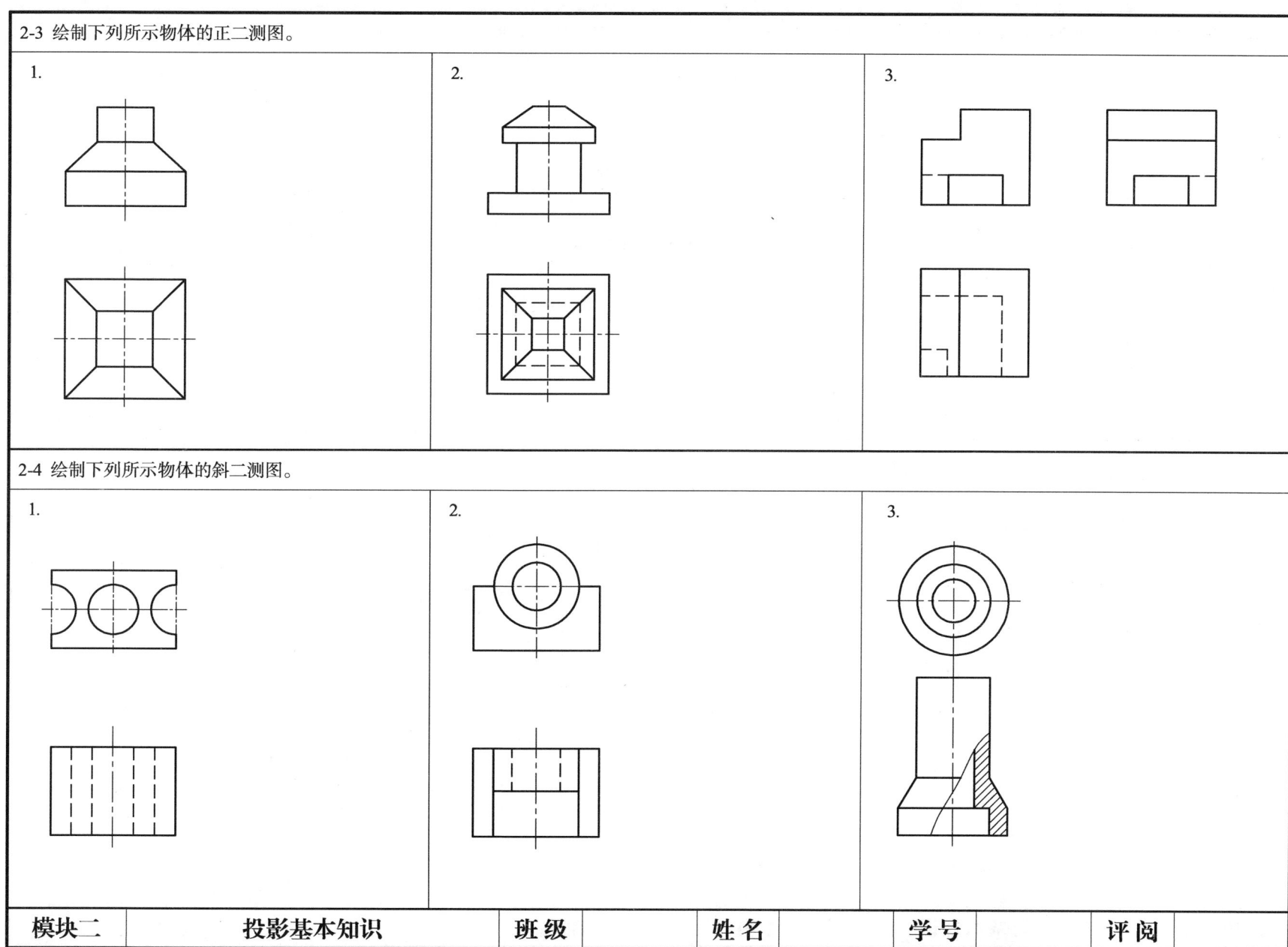

项目四：项目任务——完成桥墩模型的侧面投影图，并判断各表面和相关棱线与投影面的相对位置，将其名称填入表格中。

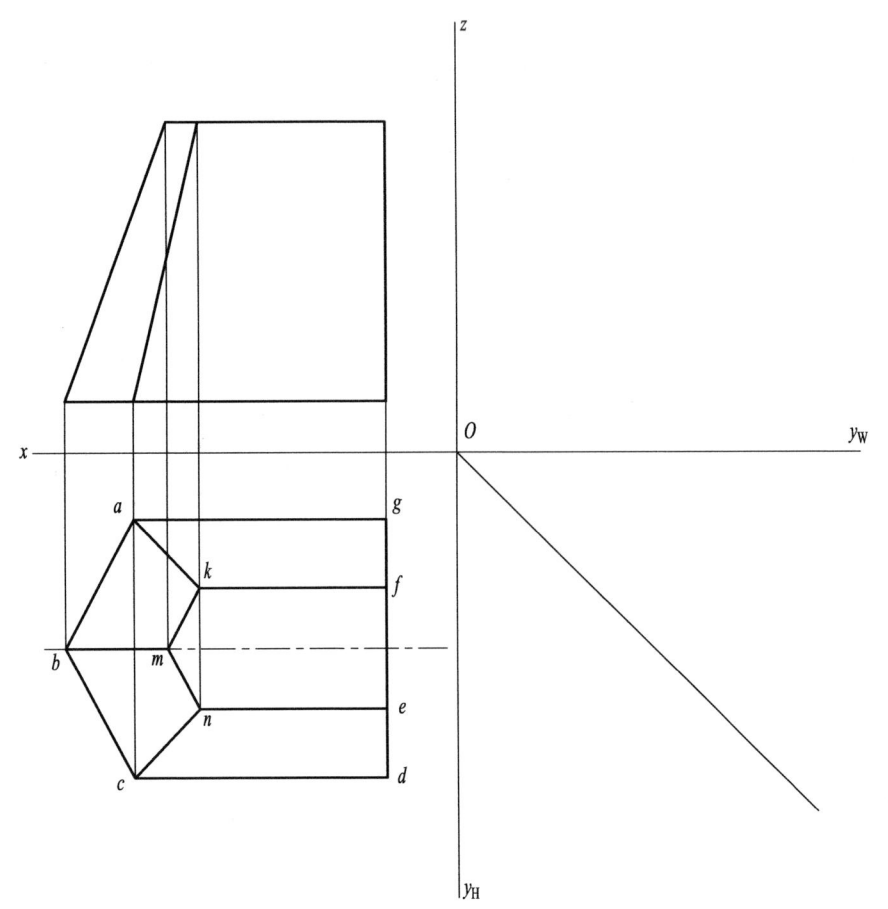

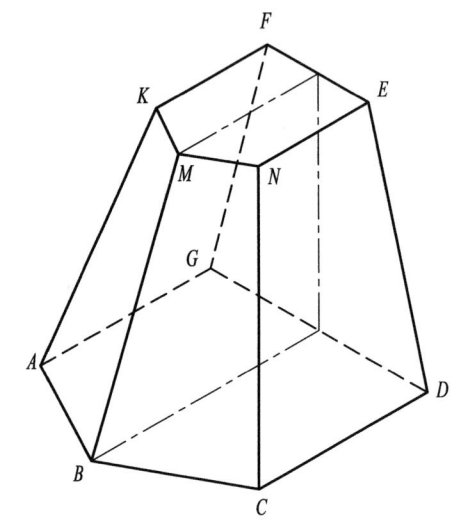

直线	与投影面相对位置	平面	与投影面相对位置
AK		AKMB	
BM		BMNC	
DG		NCDE	
BC		FKMNE	
CD		AGFK	
DE		ABCDG	
KM		GFED	

| 模块二 | 投影基本知识 | 班级 | 姓名 | 学号 | 评阅 |

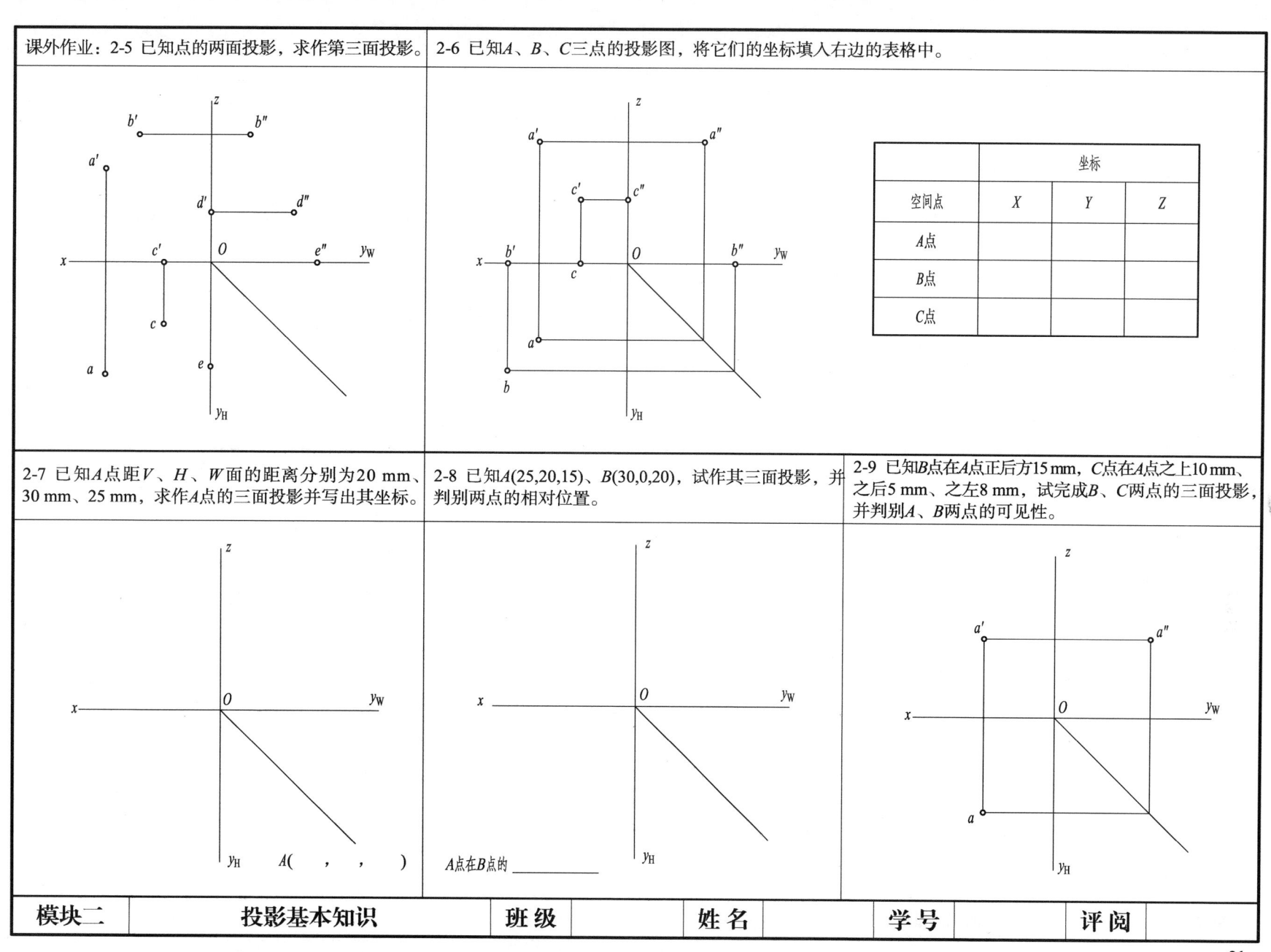

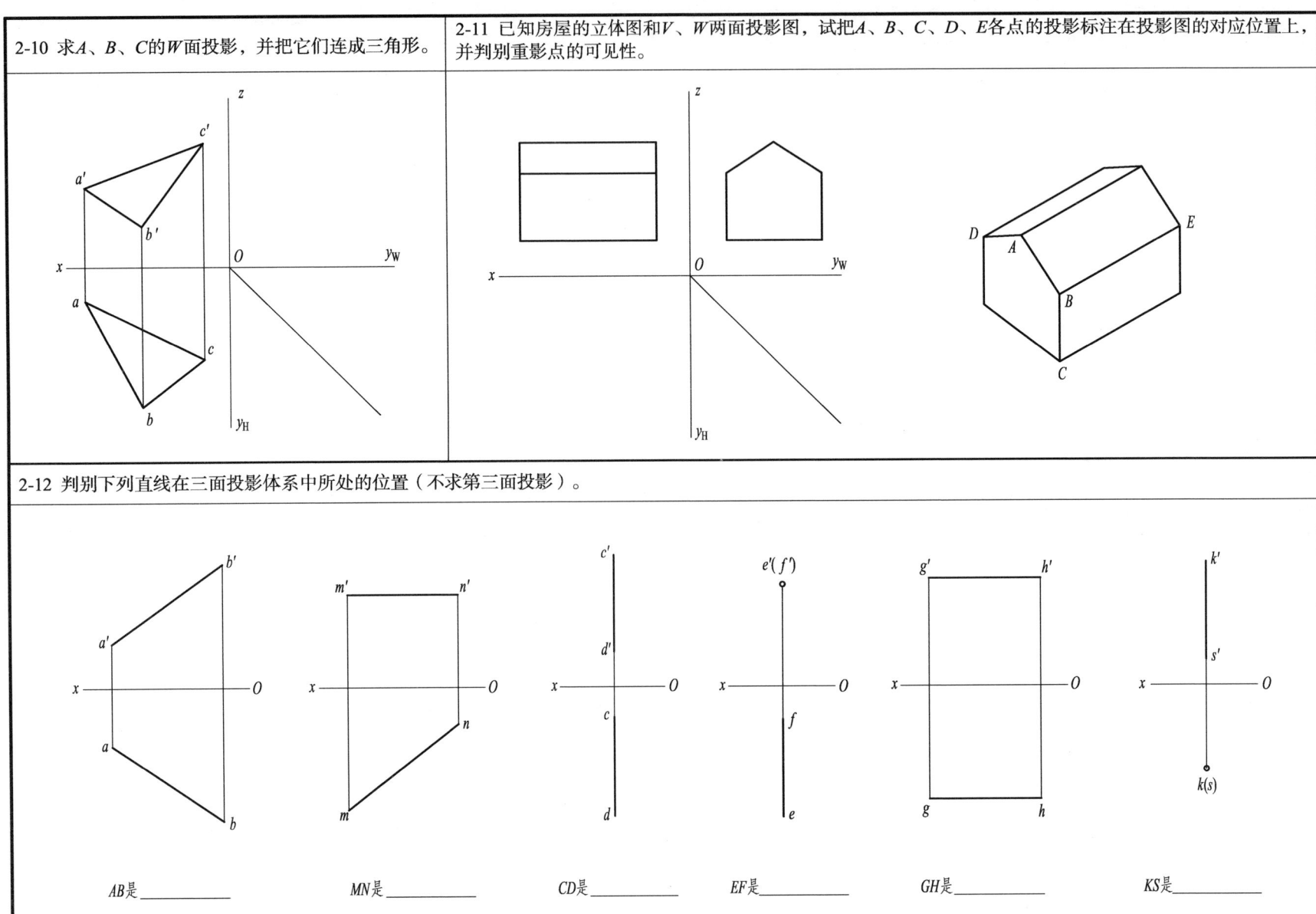

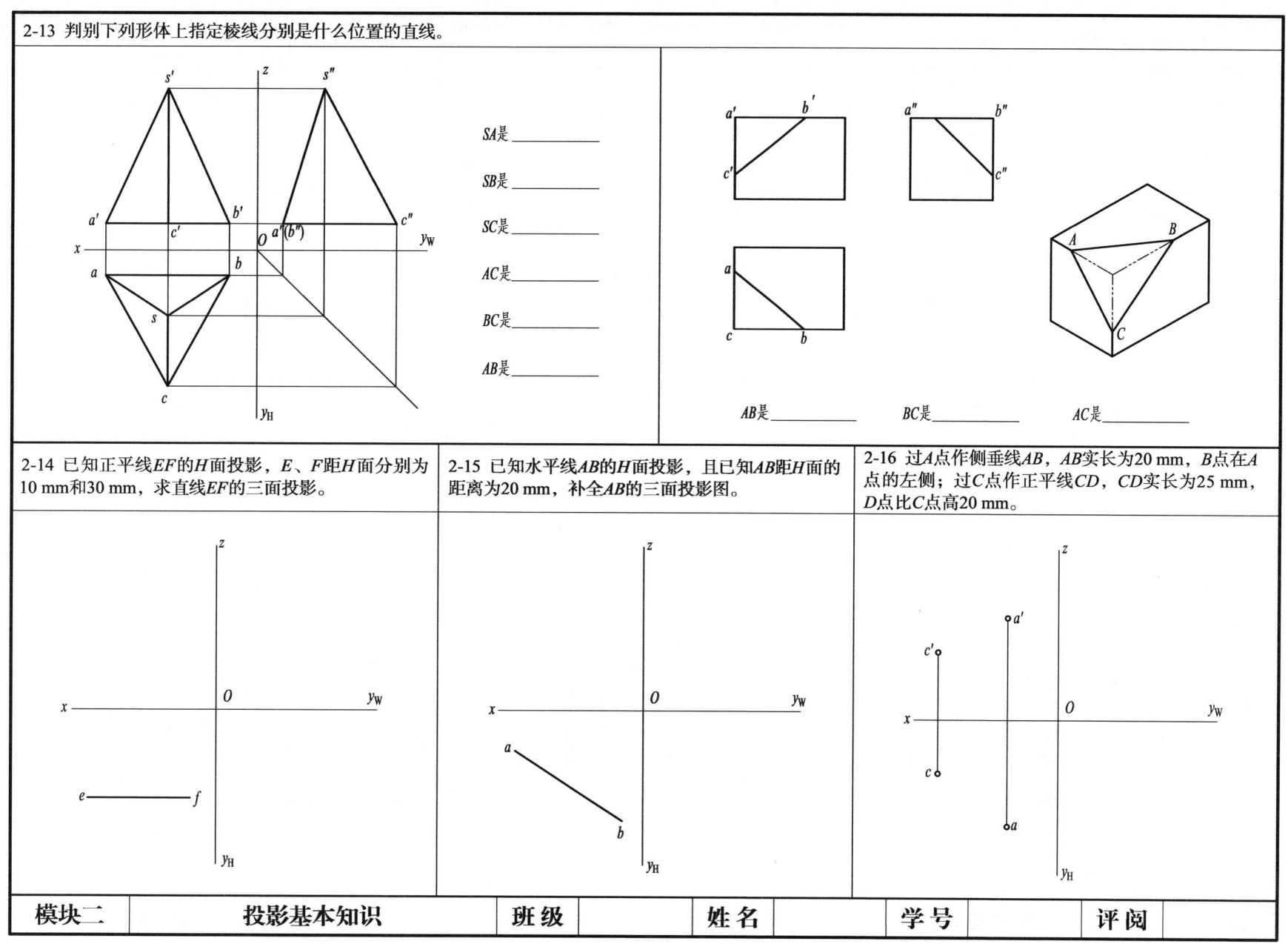

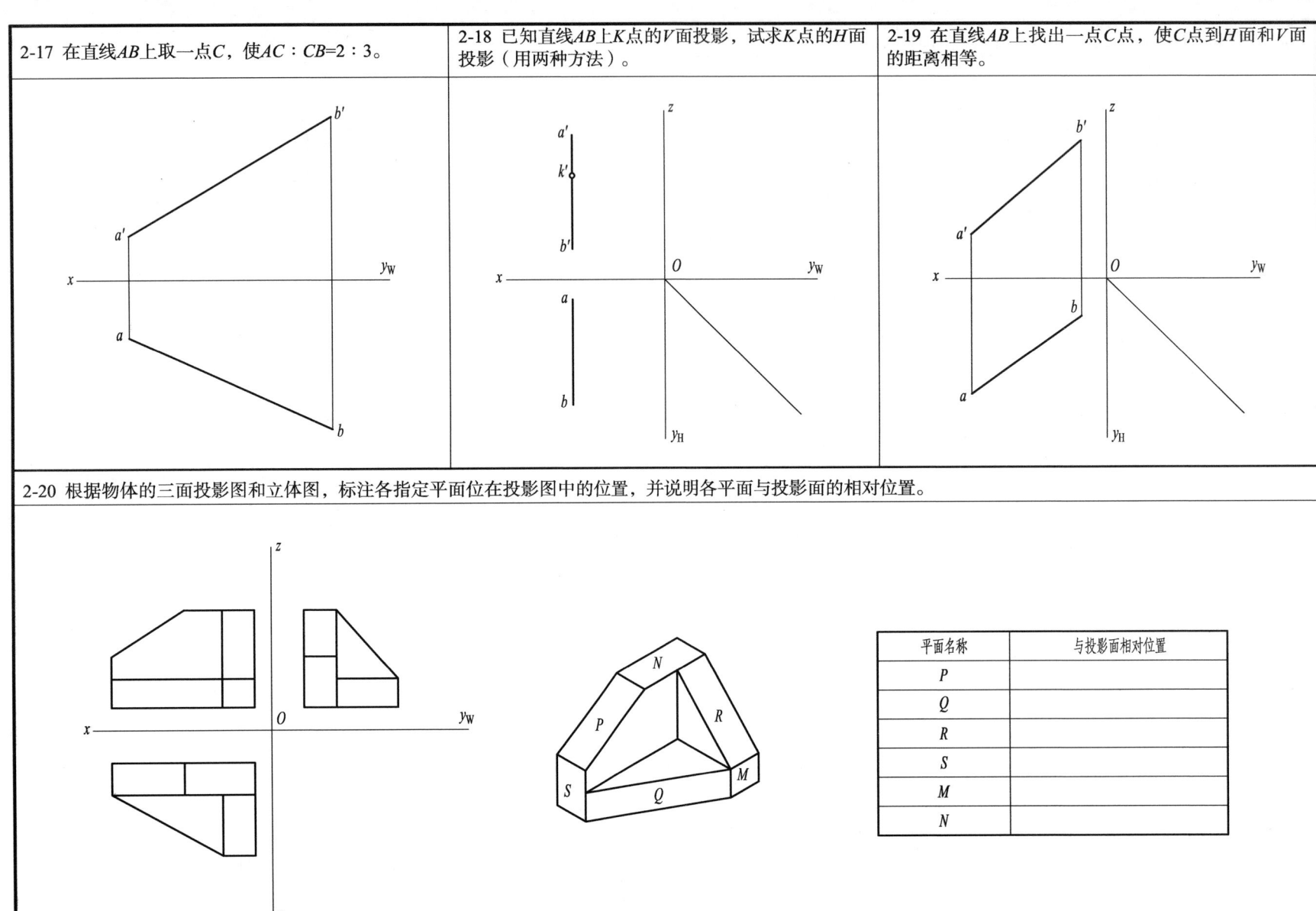

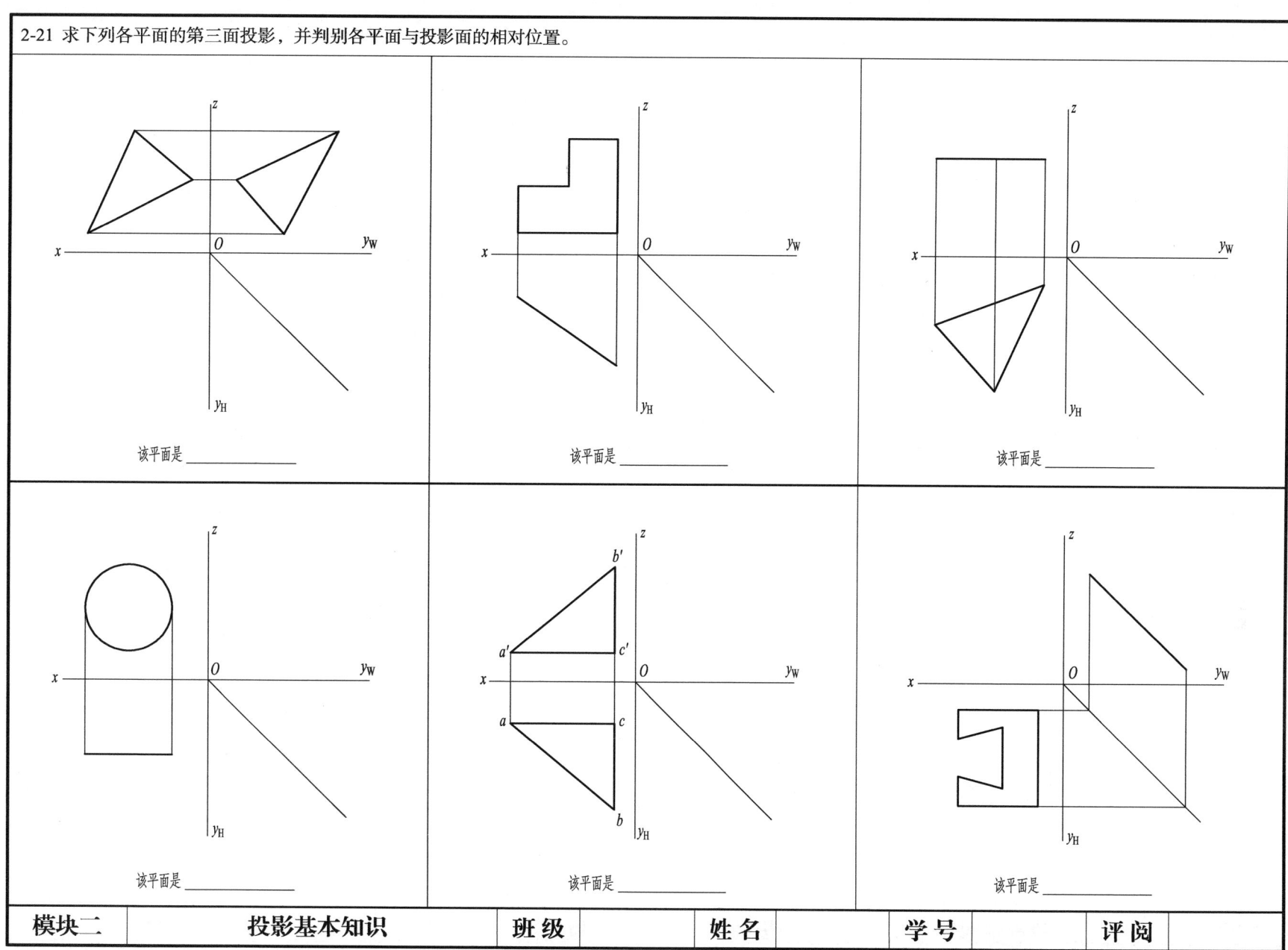

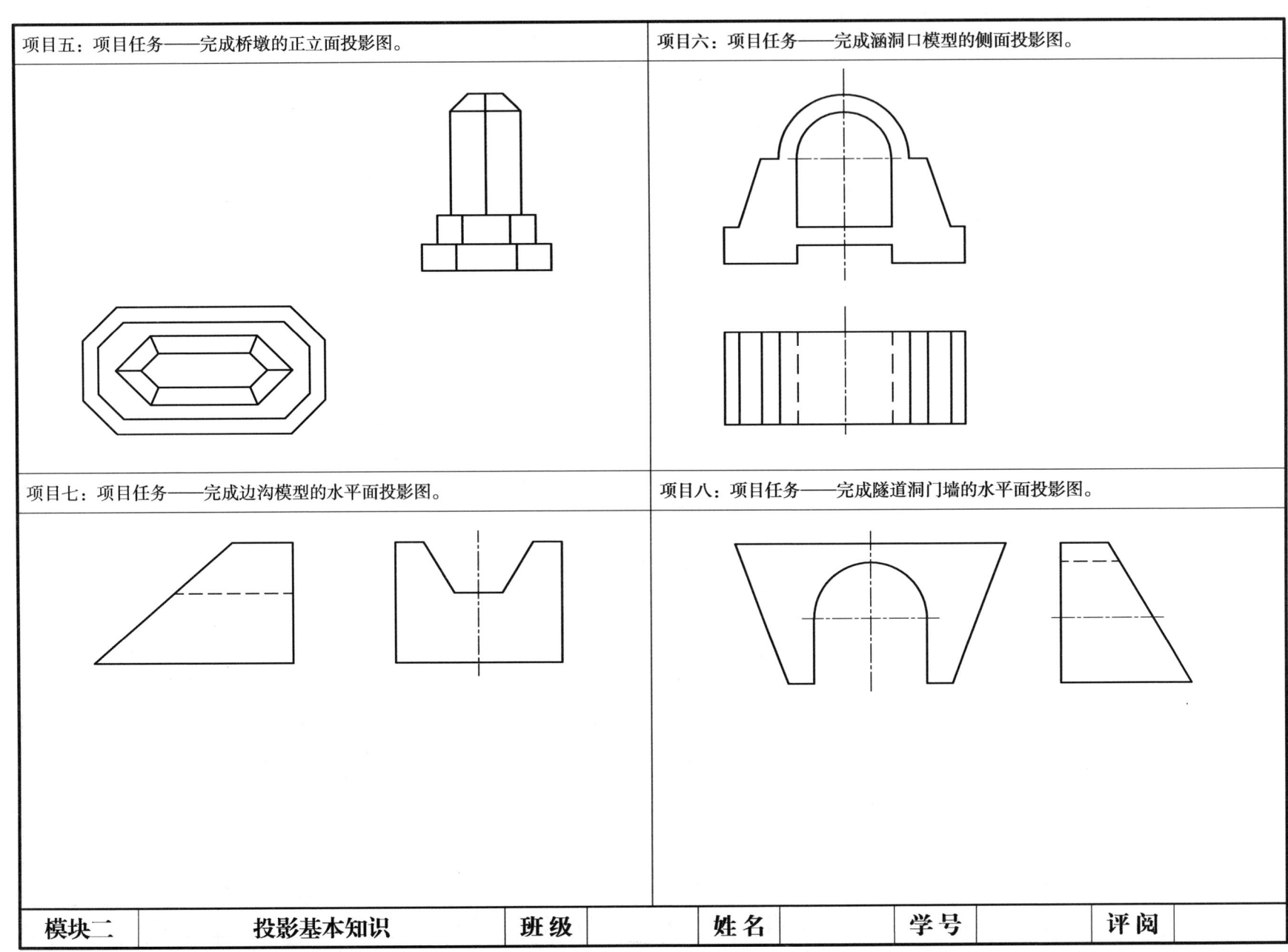

课外作业：2-22 根据已知的两面投影想象物体的空间形状，并补画出其W面投影图。（每题至少补画出四个）

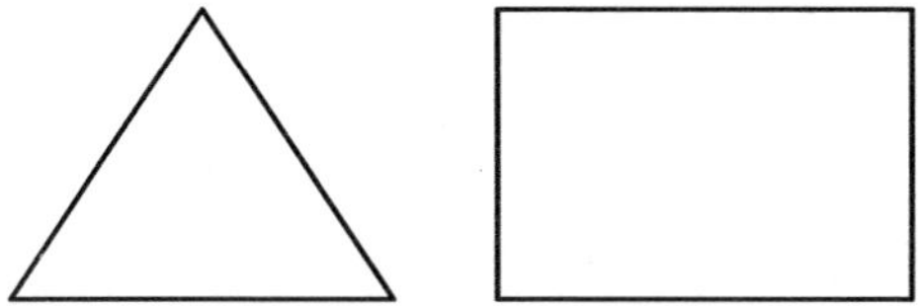

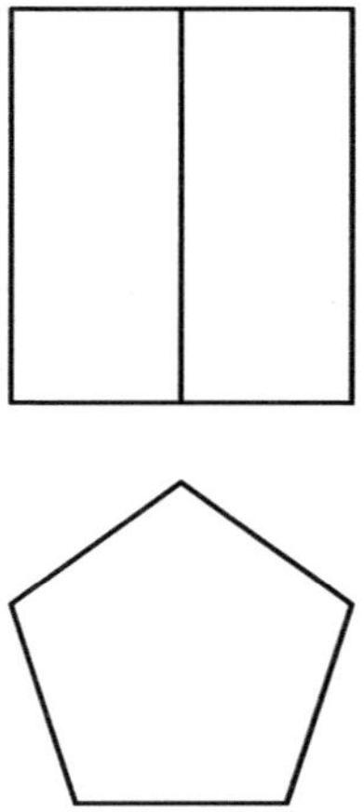

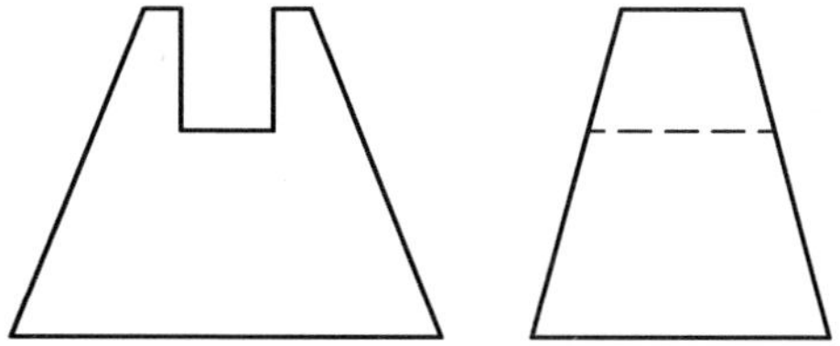

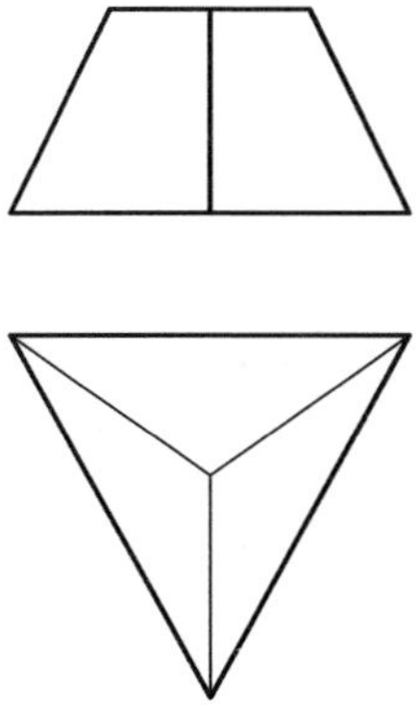

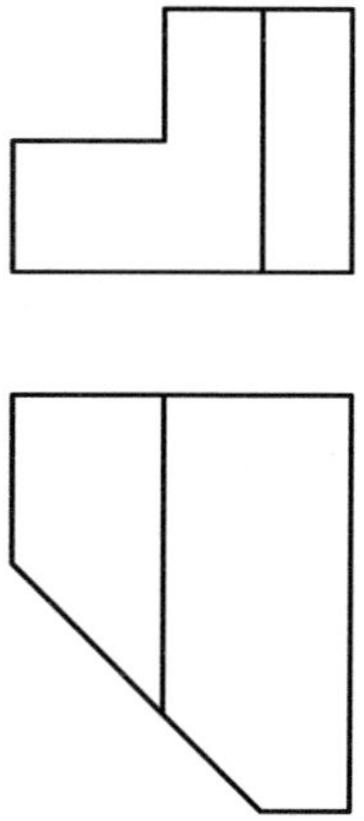

| 模块二 | 投影基本知识 | 班级 | 姓名 | 学号 | 评阅 |

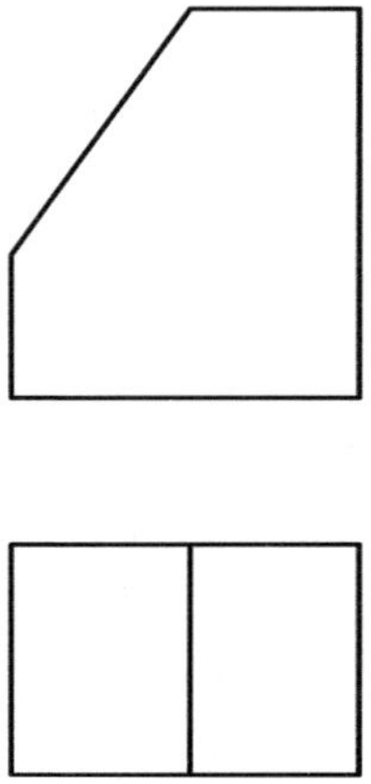

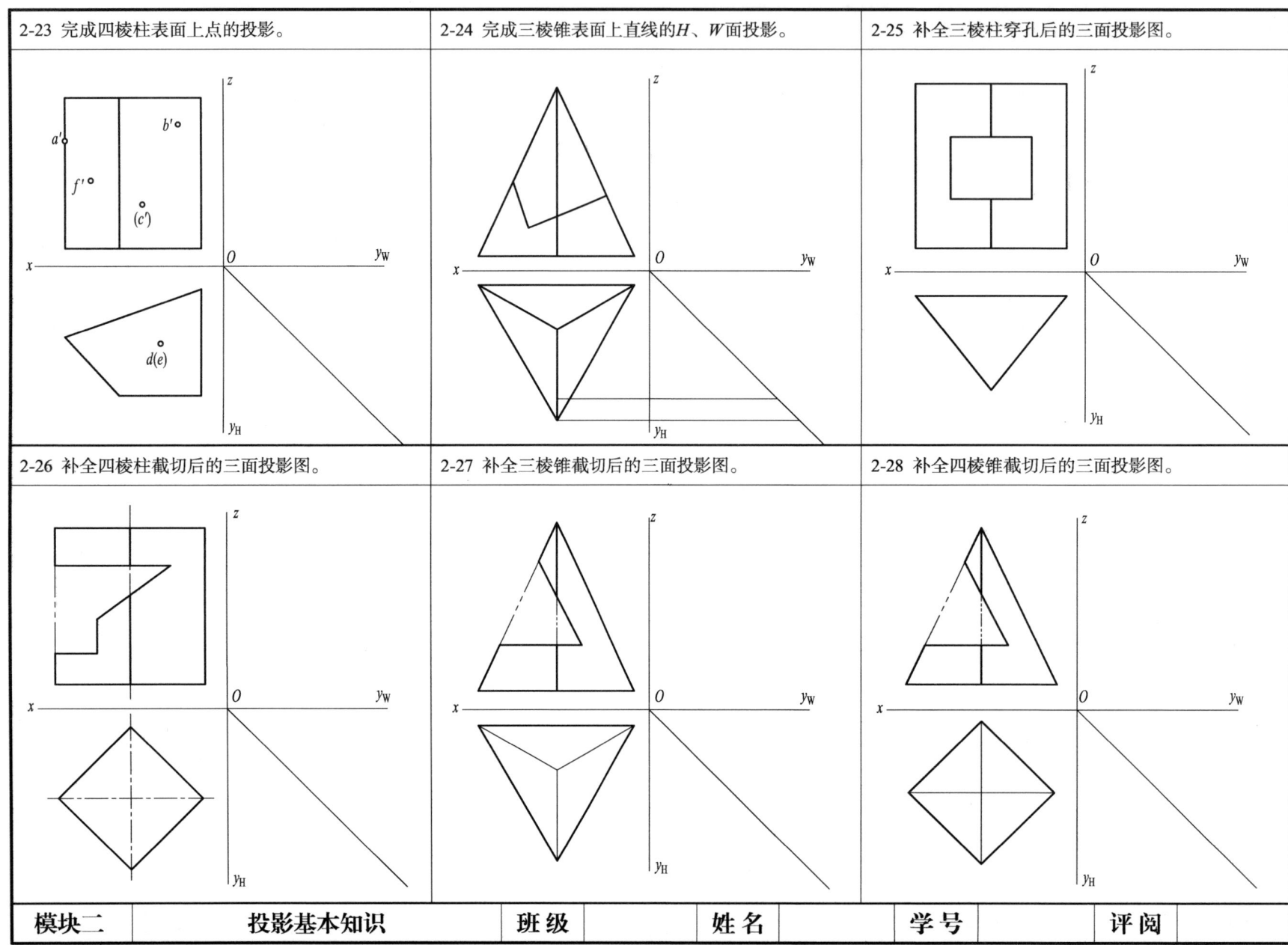

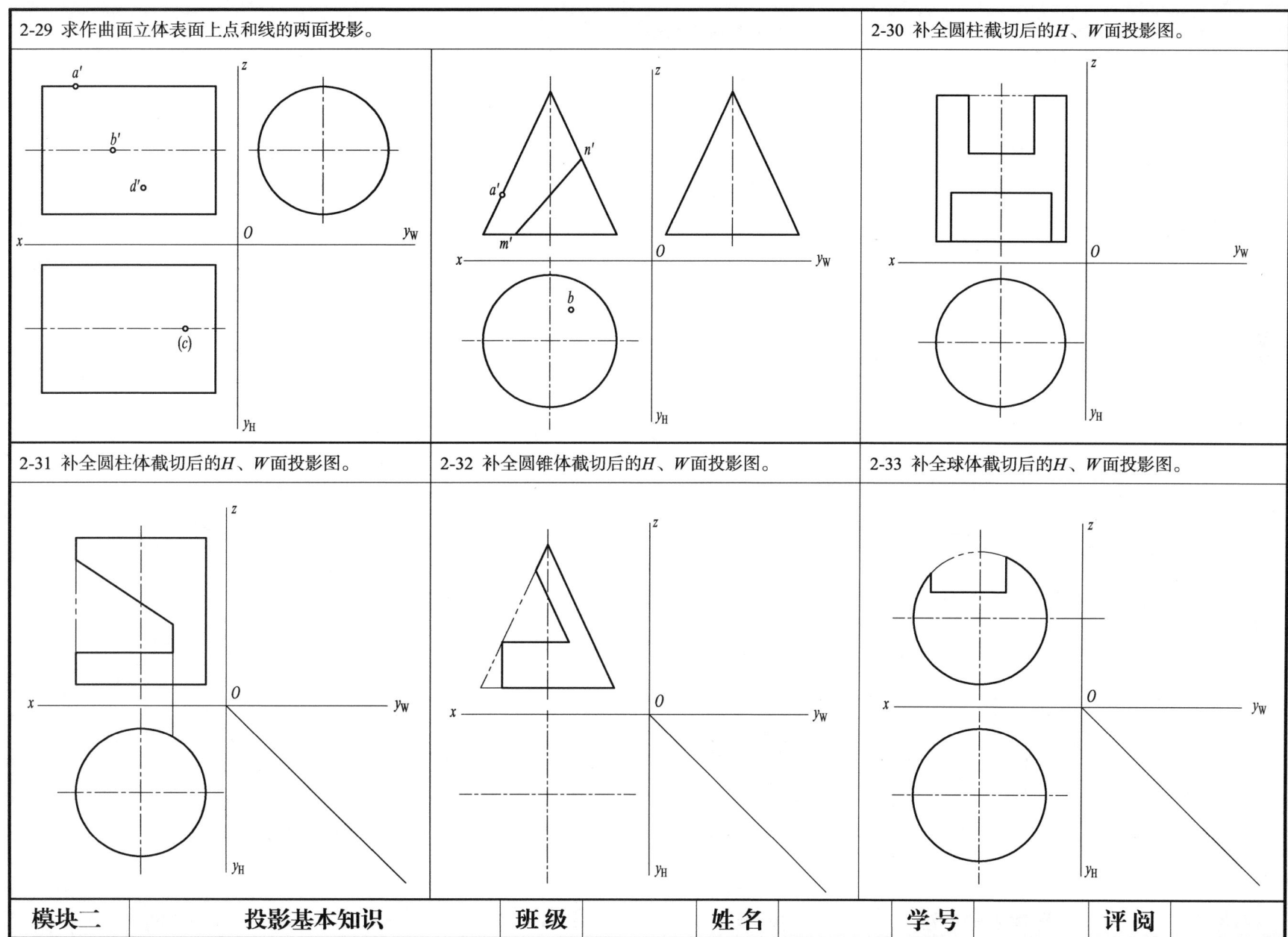

项目一：项目任务——选择投影方向，用1∶1的比例测绘桥台模型和榫头的三面投影图。

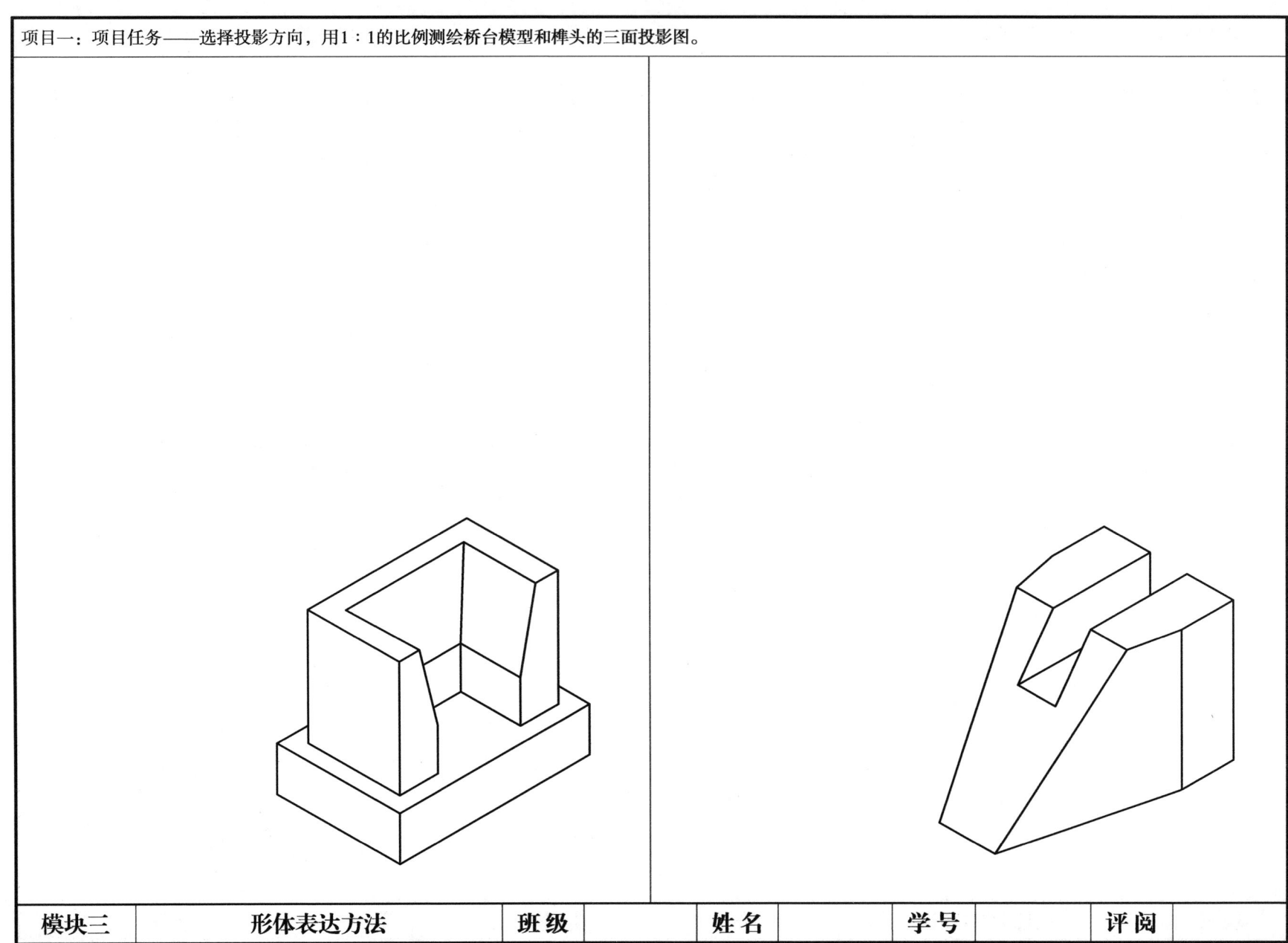

| 模块三 | 形体表达方法 | 班级 | | 姓名 | | 学号 | | 评阅 | |

课外作业:3-1 根据形体的立体图和指定的投影方向,按1:1的比例画出三面投影图。

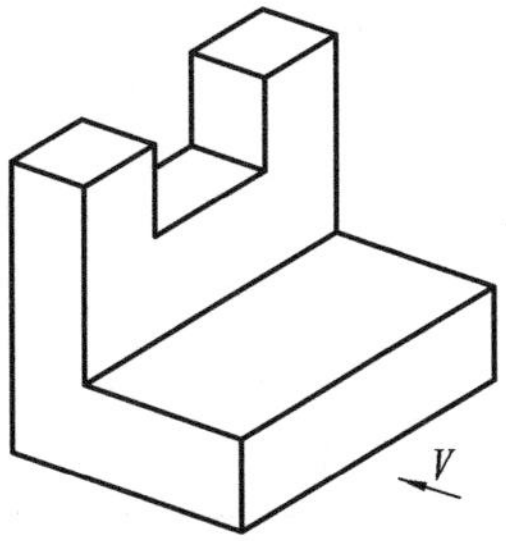

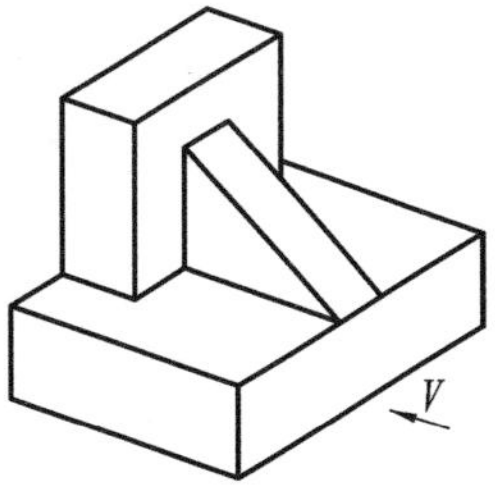

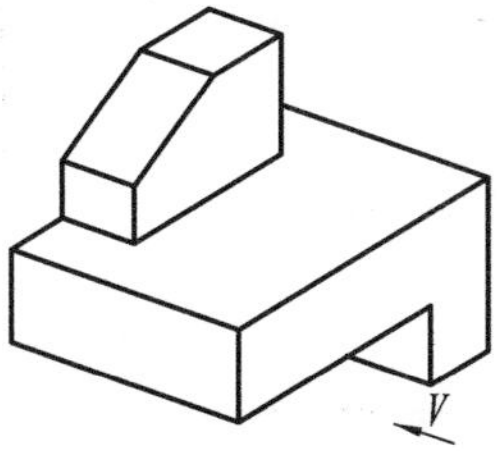

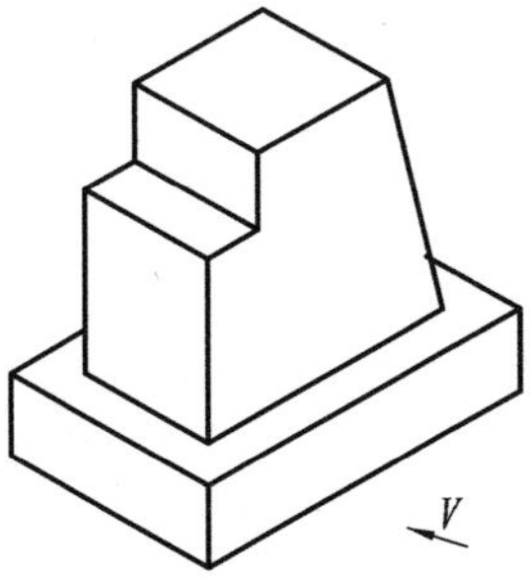

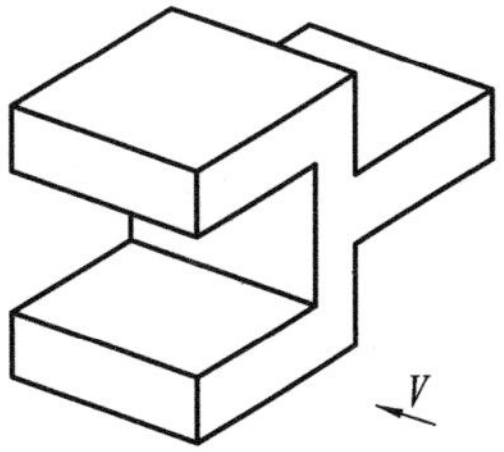

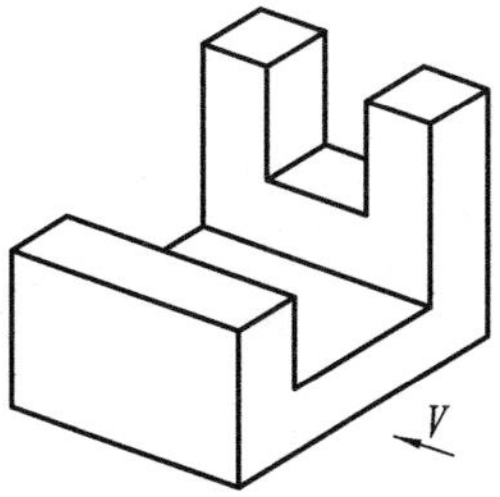

| 模块三 | 形体表达方法 | 班级 | 姓名 | 学号 | 评阅 |

3-2 根据直观图选择投影方向，按1∶1的比例画出组合体的三面投影图（尺寸从图中量取）。

1.

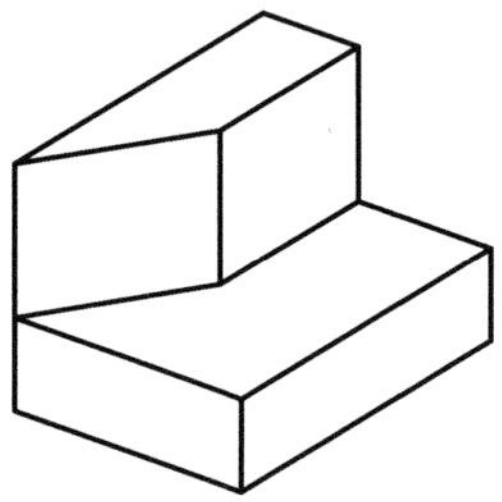

2.

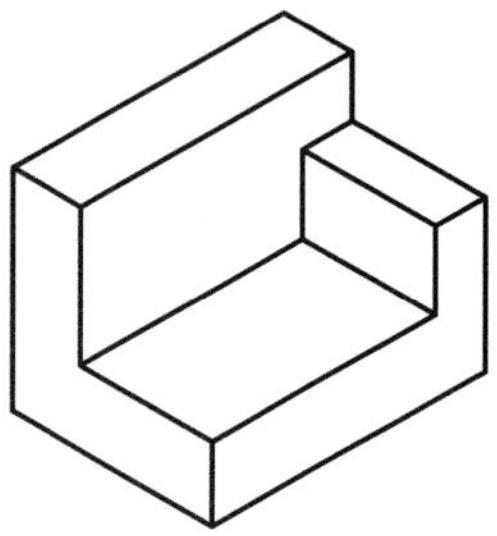

3.

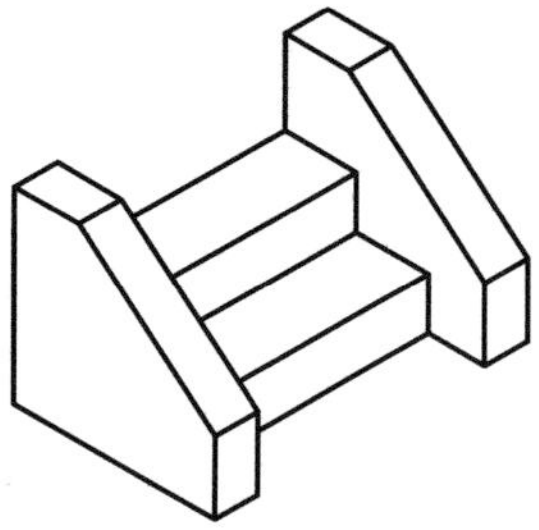

4.

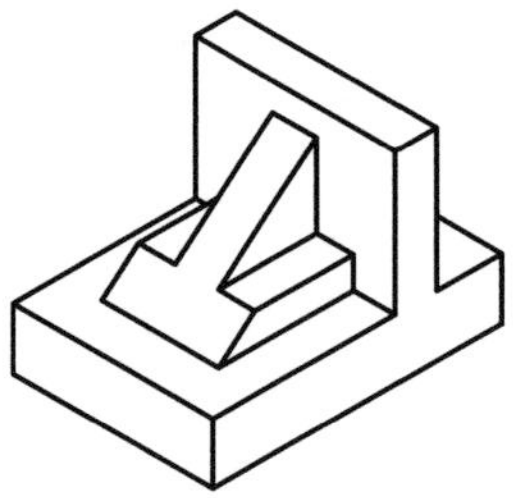

5.

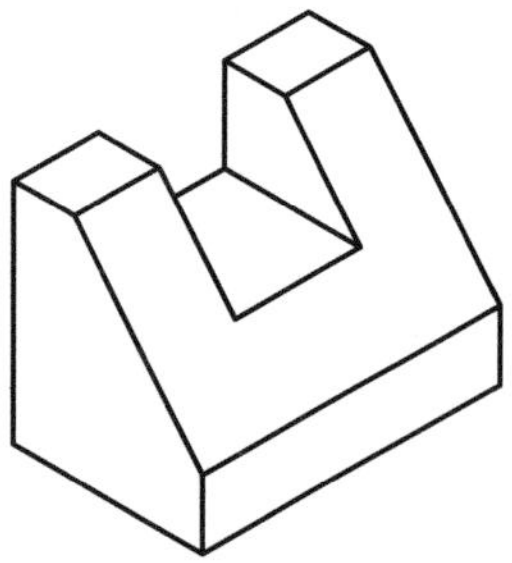

6.

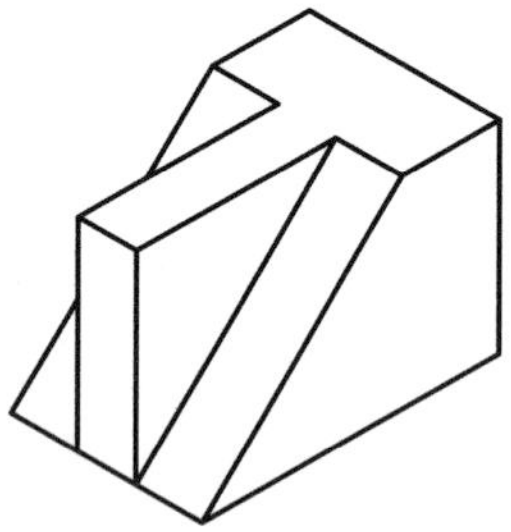

| 模块三 | 形体表达方法 | 班级 | 姓名 | 学号 | 评阅 |

项目二：项目任务——按1∶1的比例从图中量取尺寸，对重力式U形桥台的投影图进行尺寸标注（精确到mm）。

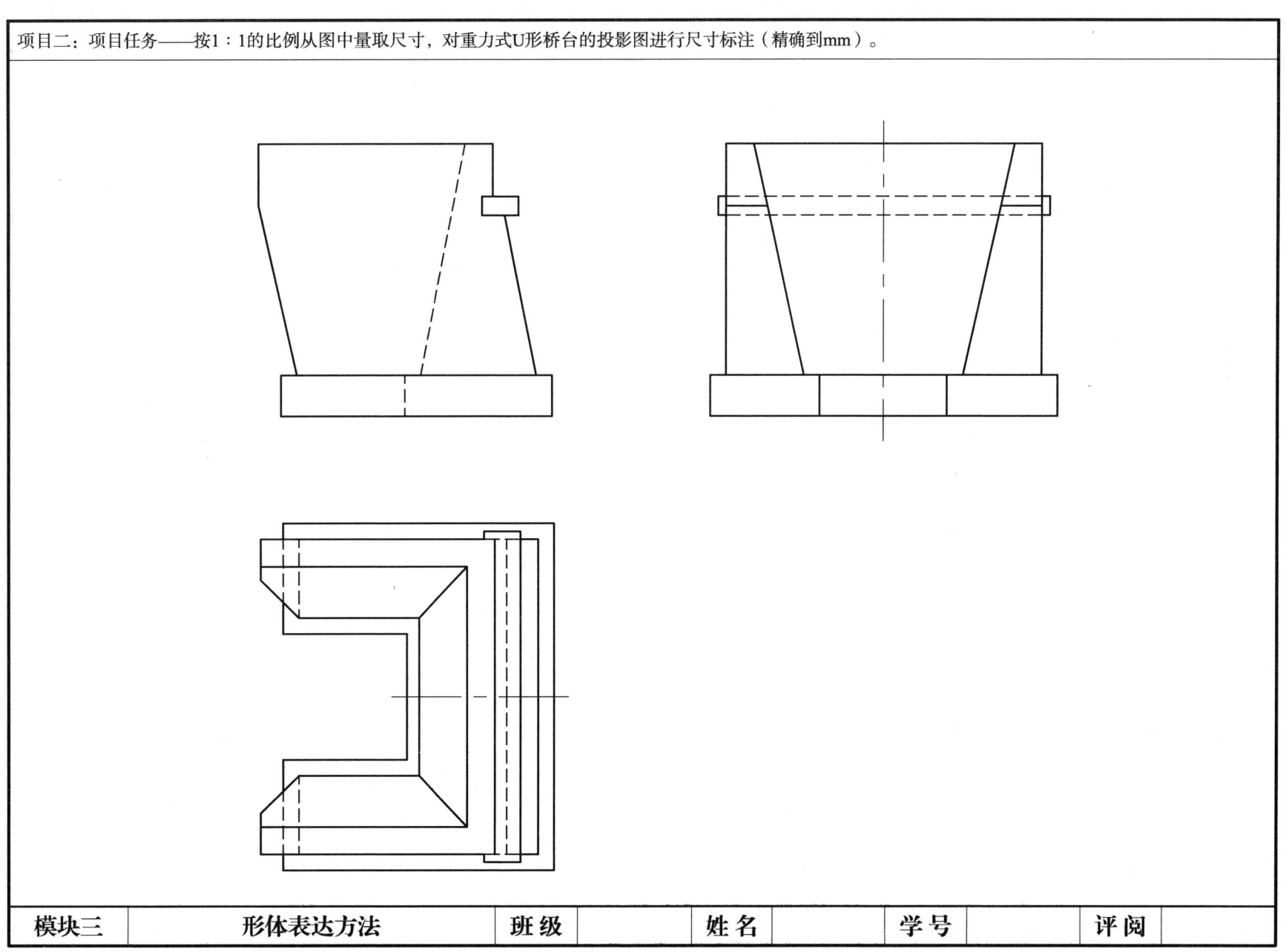

| 模块三 | 形体表达方法 | 班级 | 姓名 | 学号 | 评阅 |

课外作业：3-3 对下列形体进行尺寸标注（尺寸大小从图中按1∶1的比例量取）。

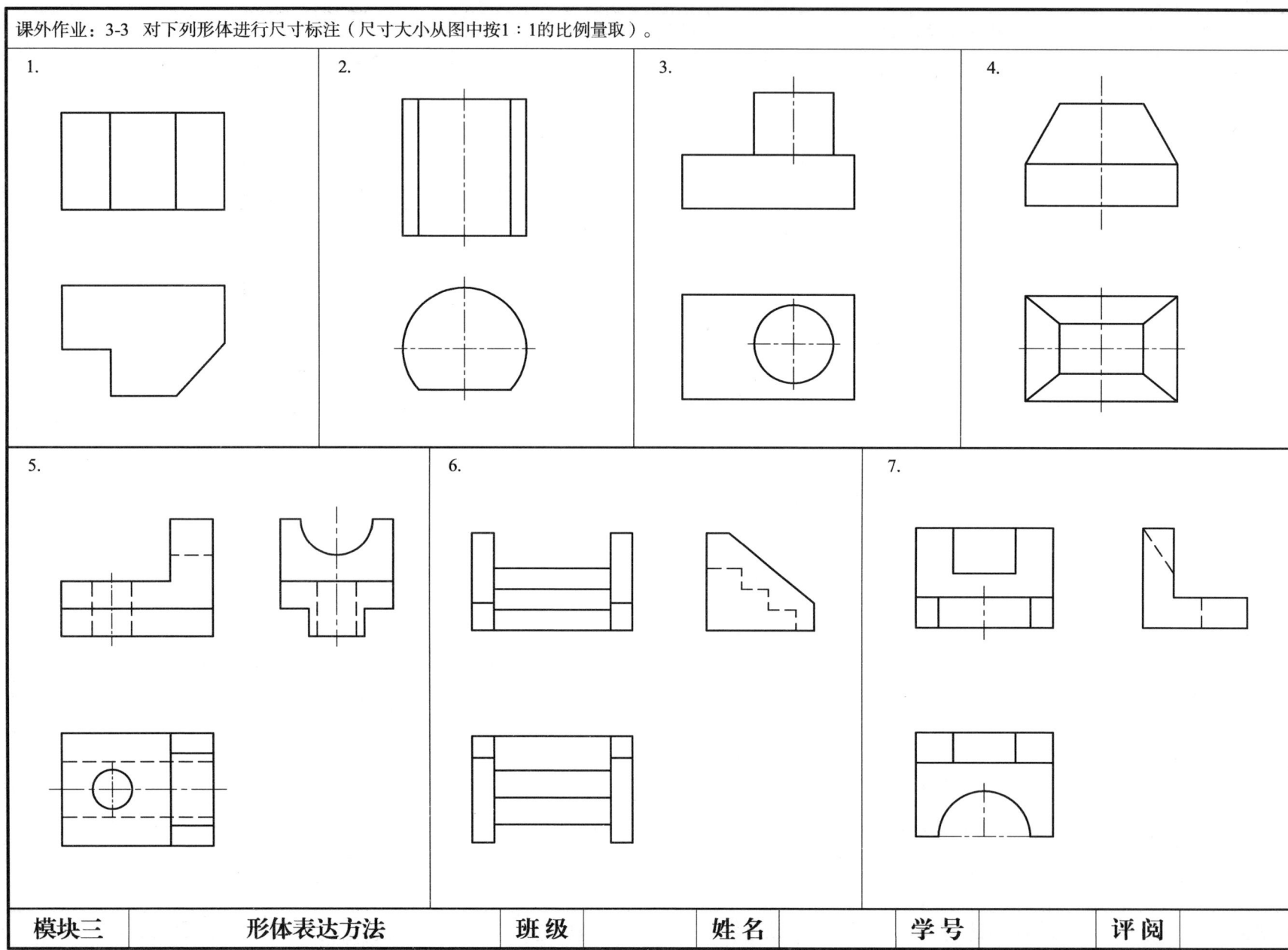

项目三：项目任务——阅读拱涵洞口两面投影图，完成第三面投影图。

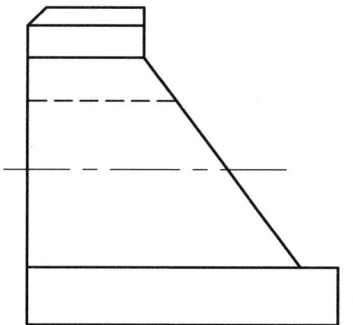
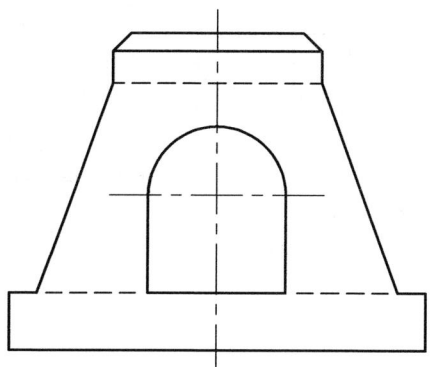

| 模块三 | 形体表达方法 | 班级 | 姓名 | 学号 | 评阅 |

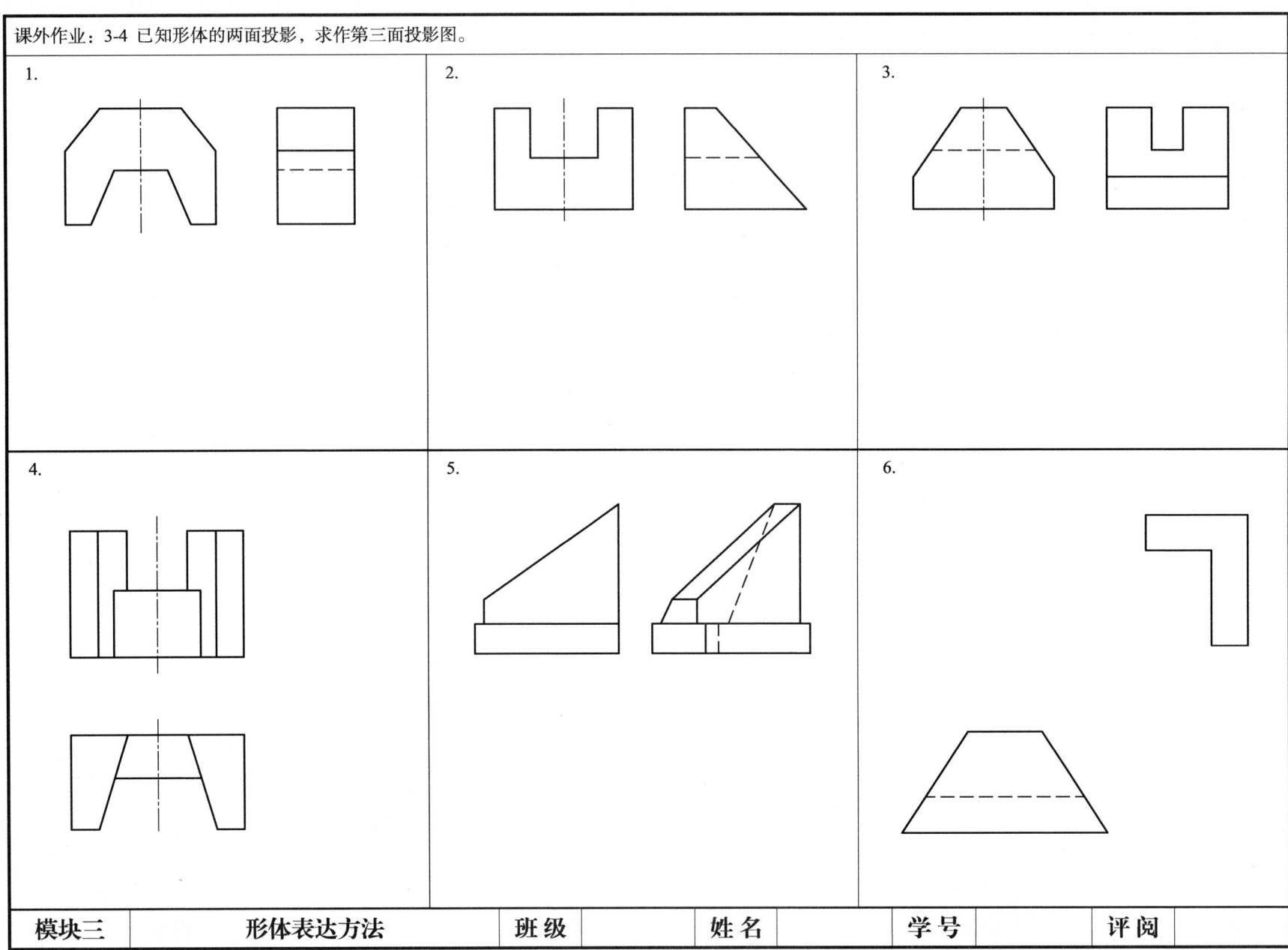

3-5 已知立体的两面投影，求作第三面投影图。

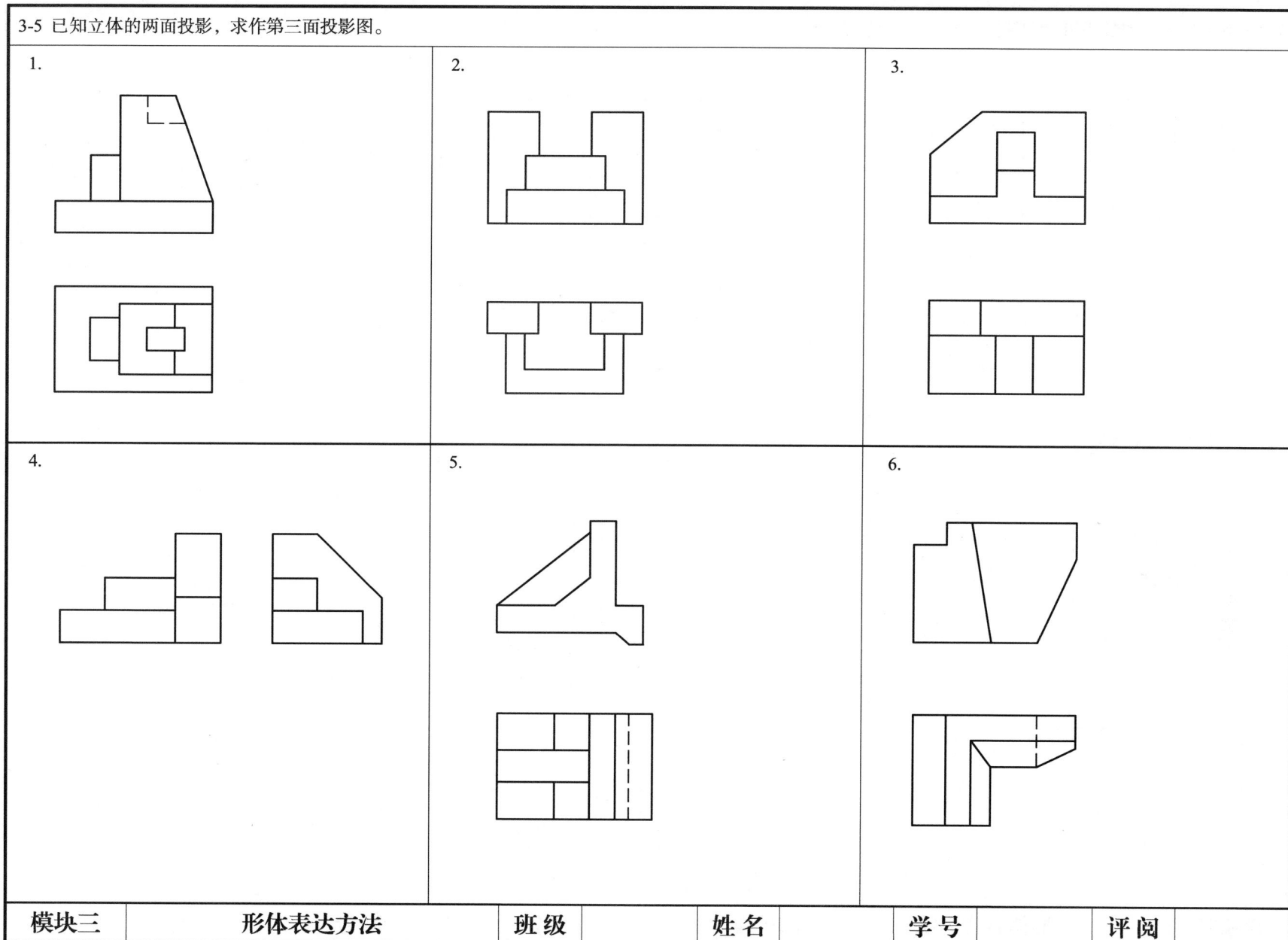

3-6 补画组合体三面投影图中所缺漏的图线。

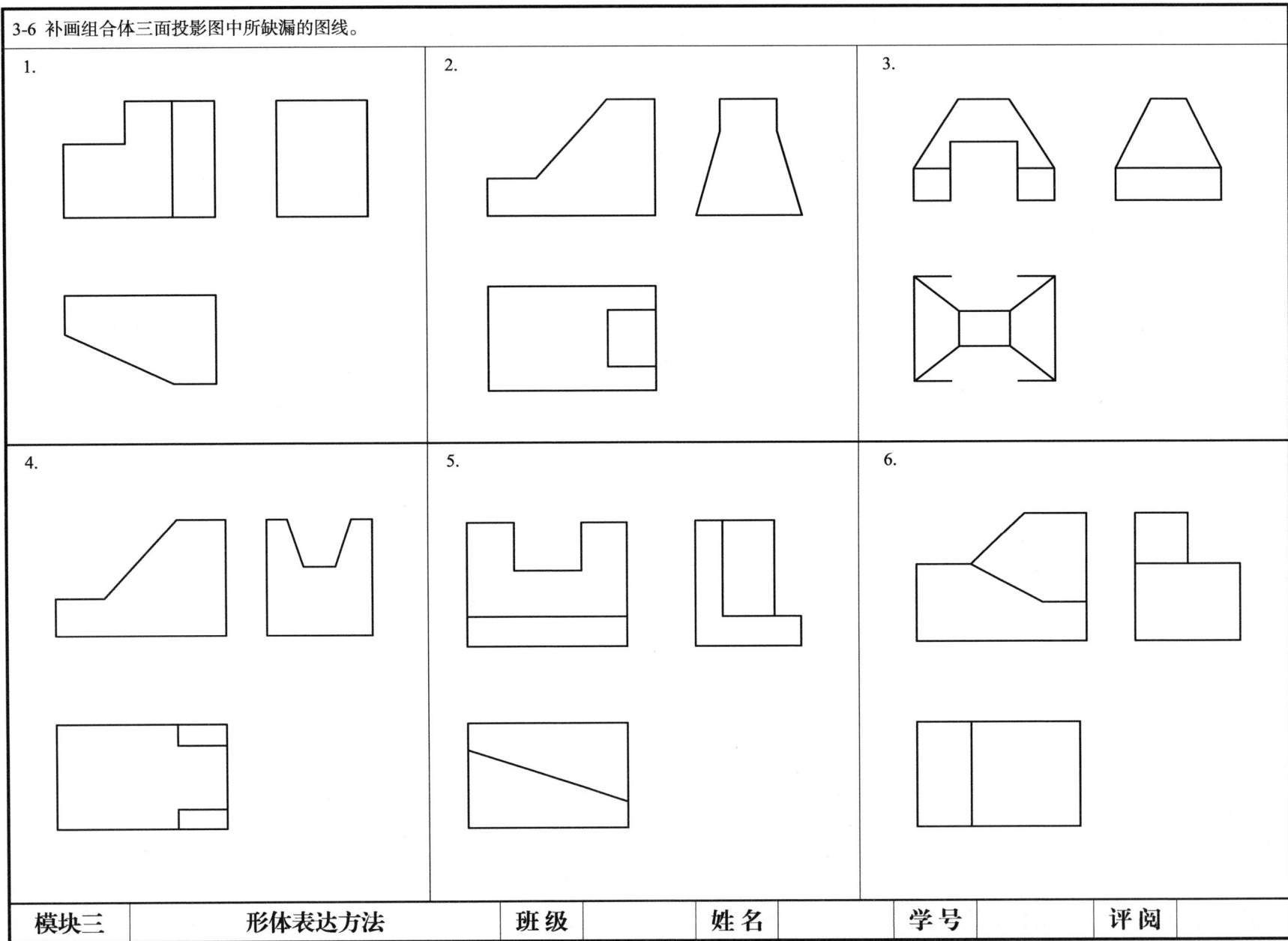

项目四：项目任务——将窨井的V、H两面投影图改画成适当的剖面图。

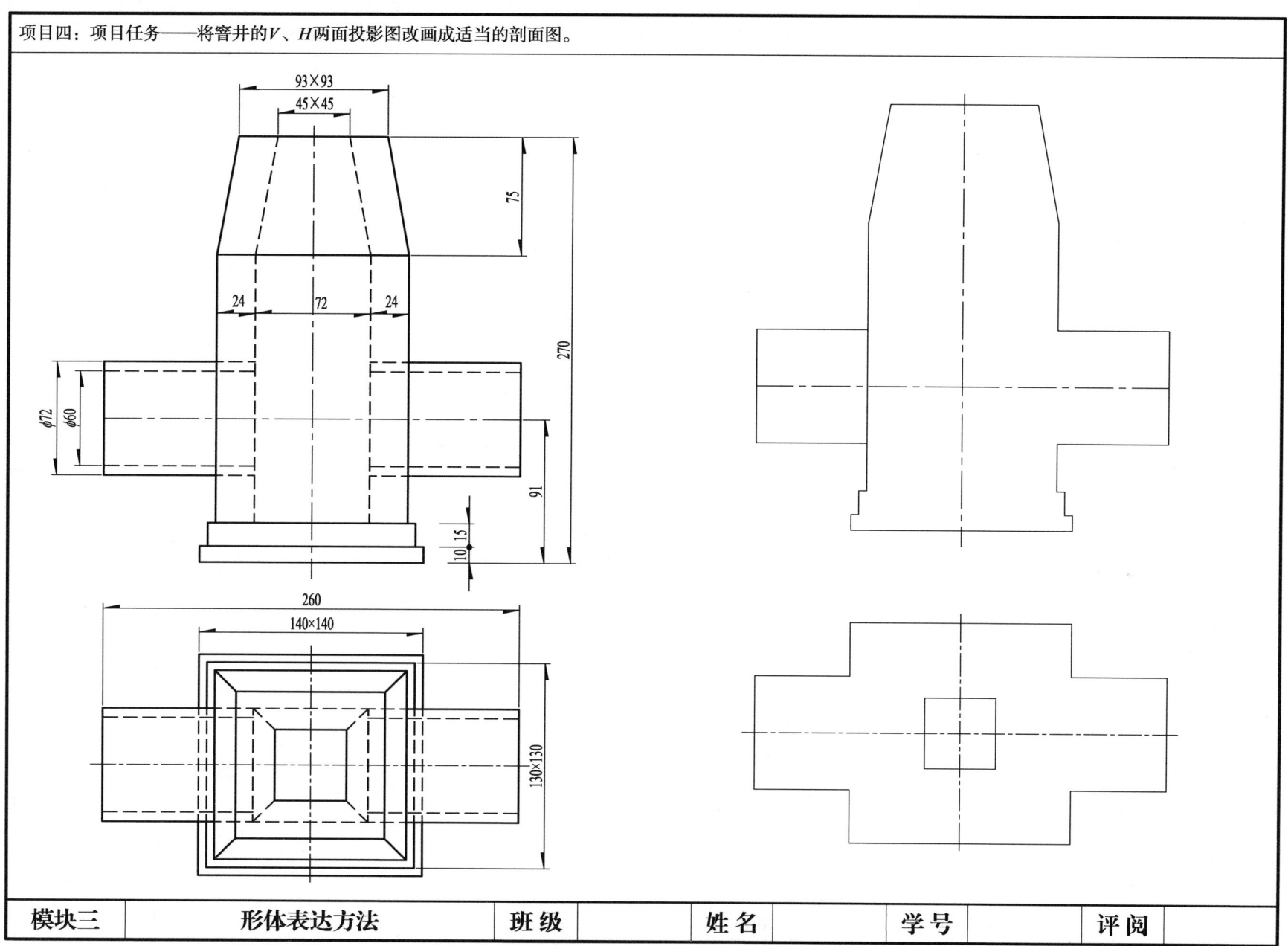

| 模块三 | 形体表达方法 | 班级 | 姓名 | 学号 | 评阅 |

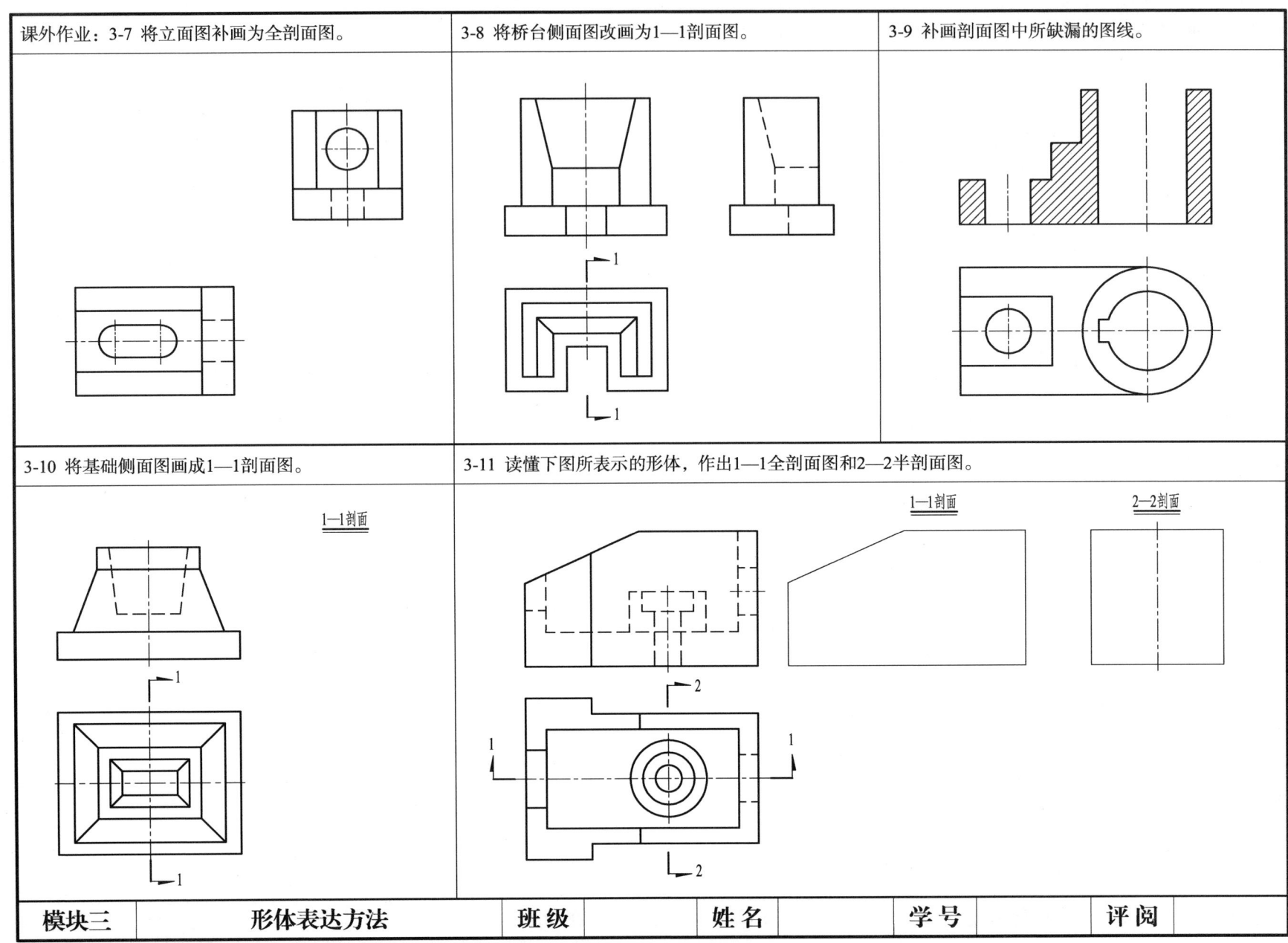

项目五：项目任务——在下一页，将行车道板的三面投影图改画成适当的剖面图并进行尺寸标注。

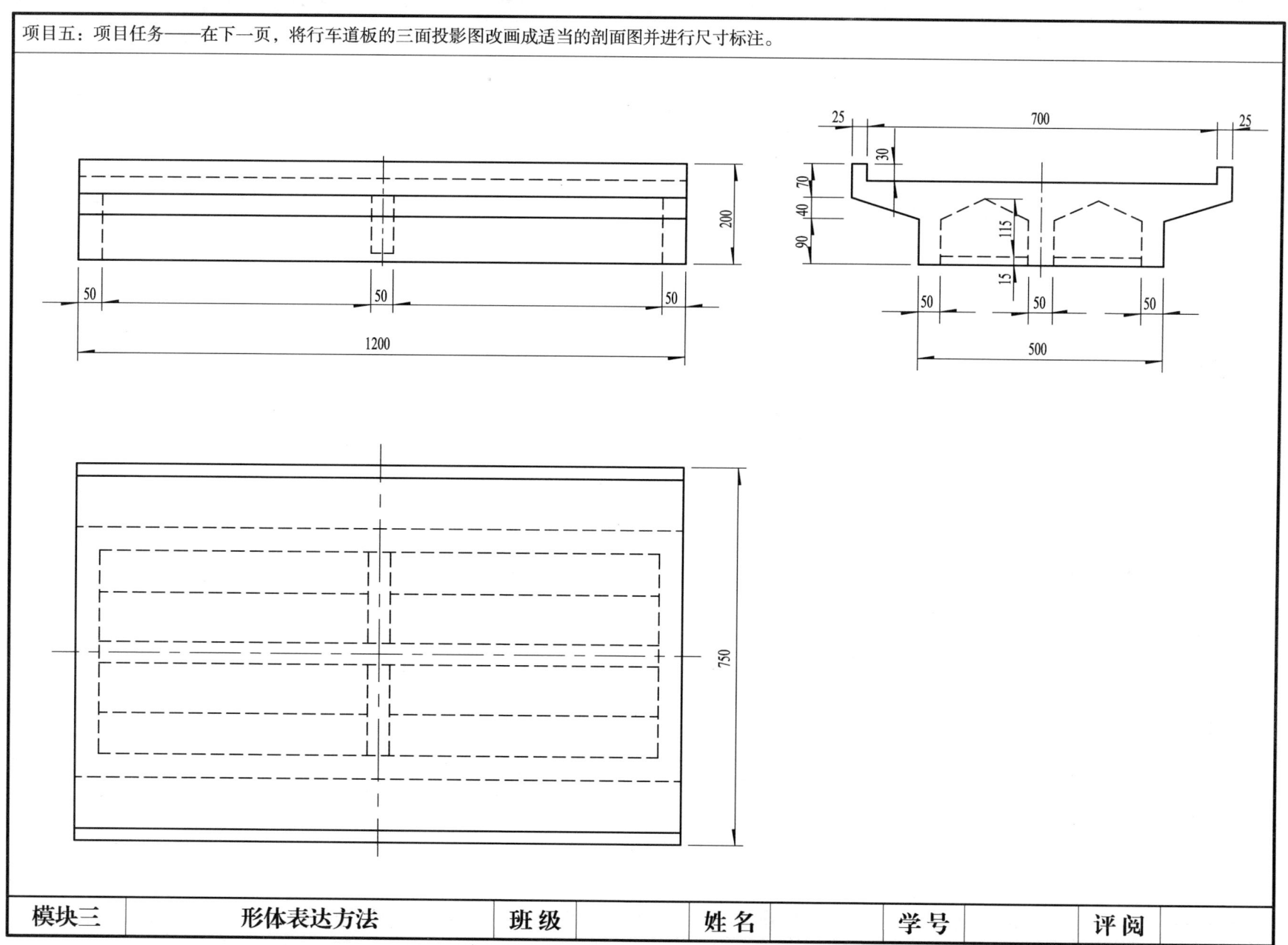

| 模块三 | 形体表达方法 | 班级 | 姓名 | 学号 | 评阅 |

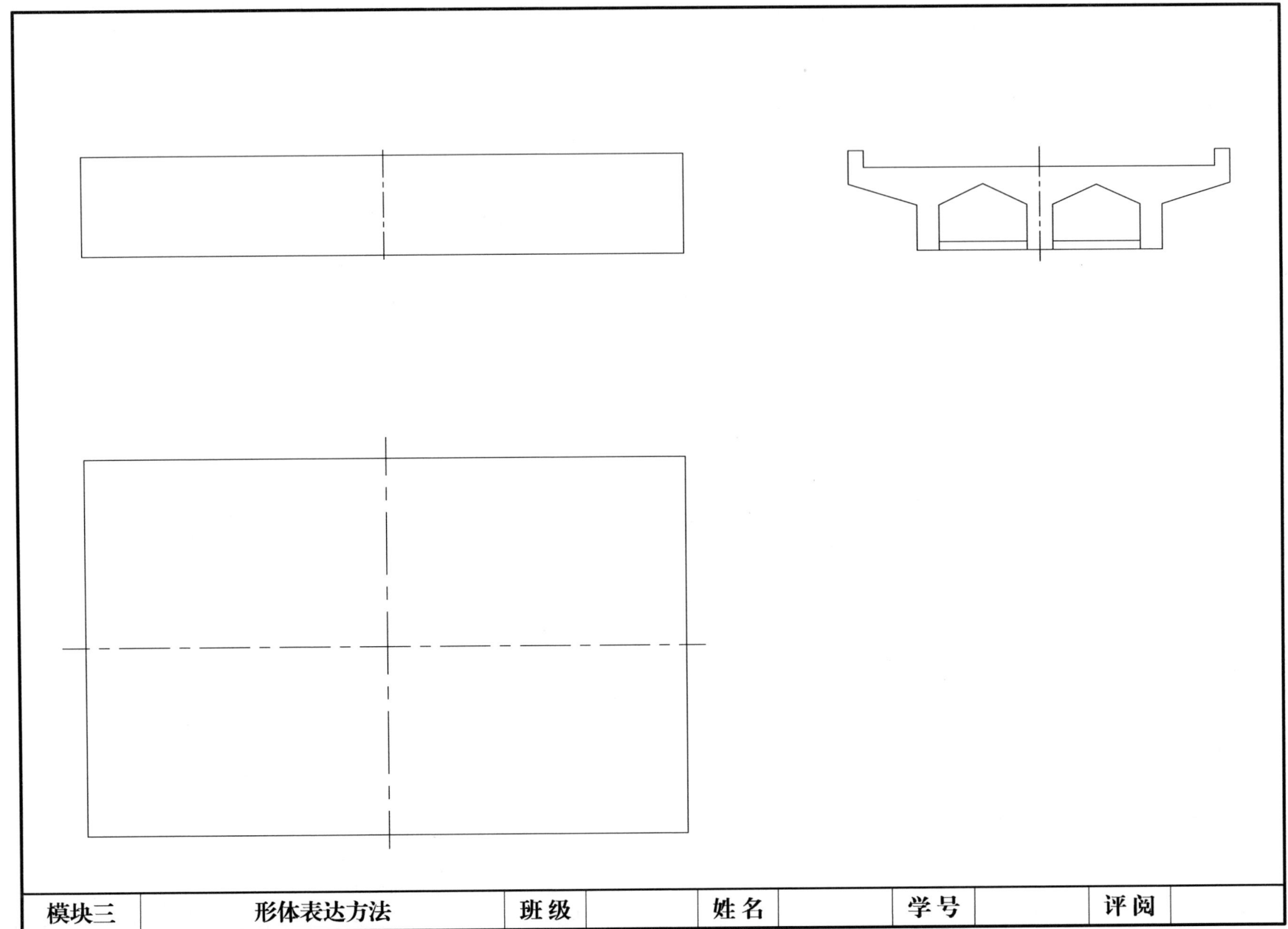

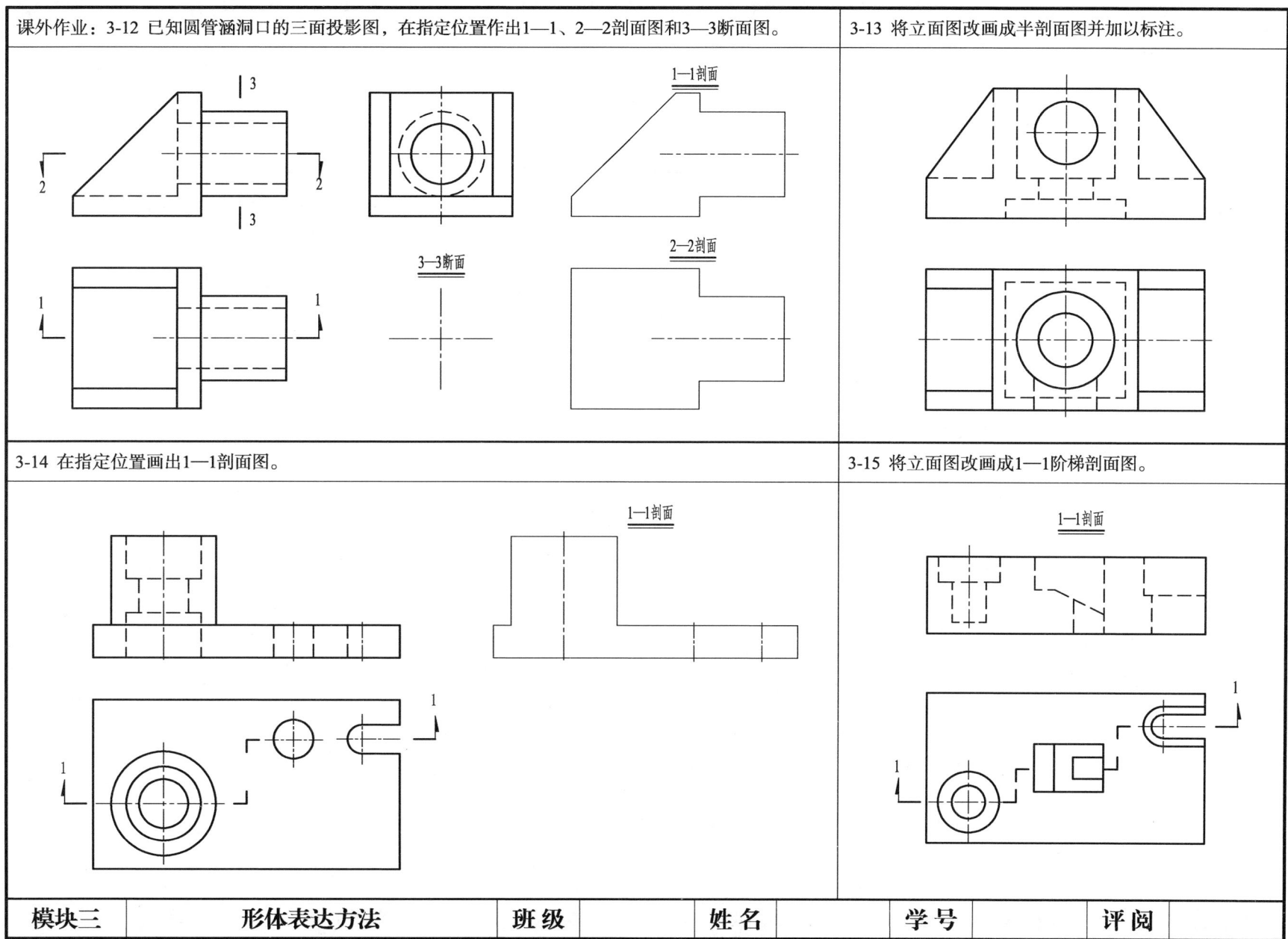

项目六：项目任务——绘制变截面梁各指定位置的移出断面图。

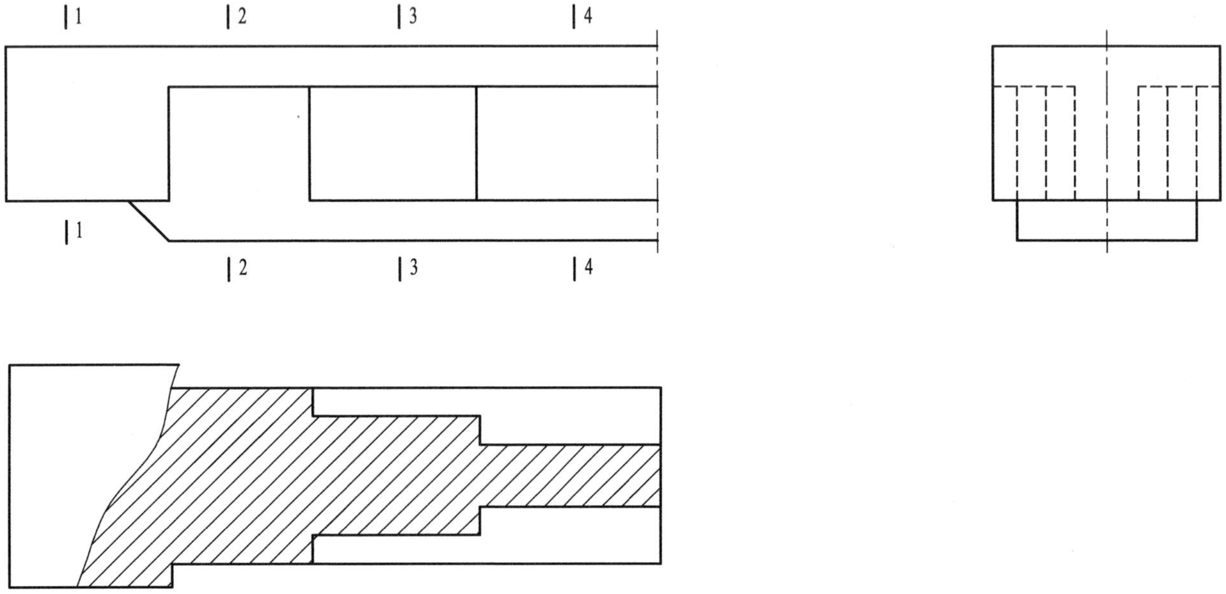

1—1断面　　　　　2—2断面　　　　　3—3断面　　　　　4—4断面

| 模块三 | 形体表达方法 | 班级 | 姓名 | 学号 | 评阅 |

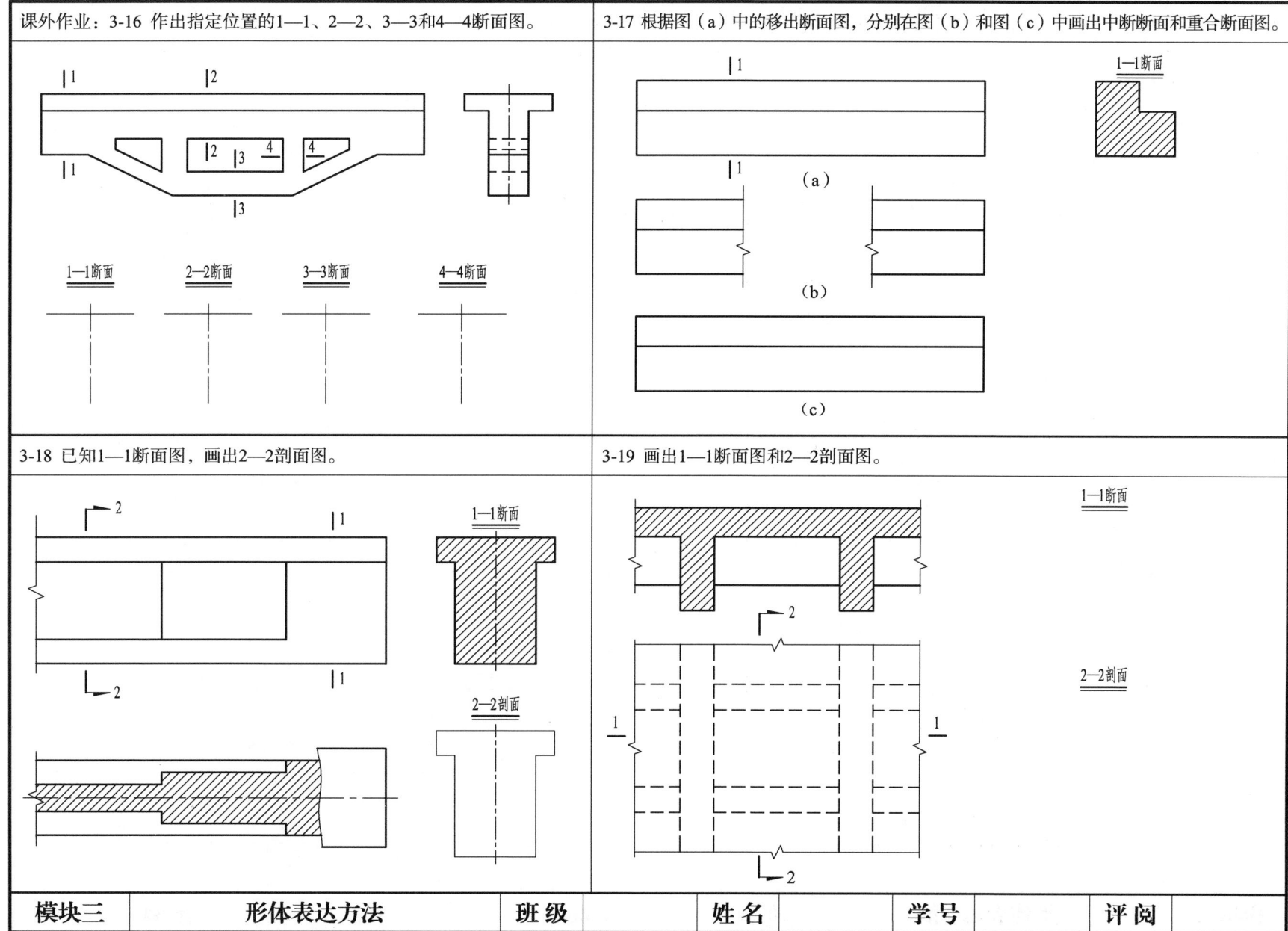

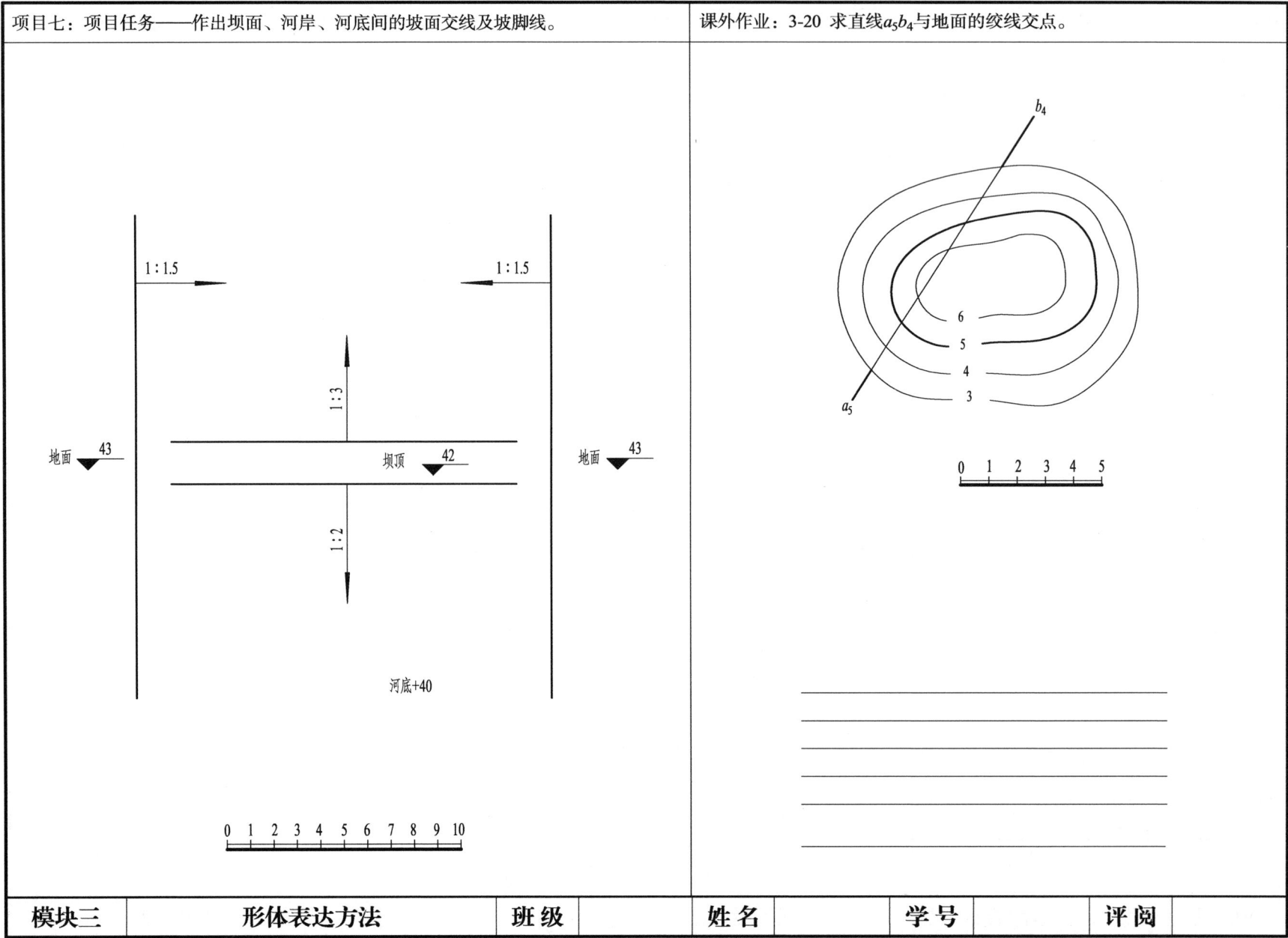

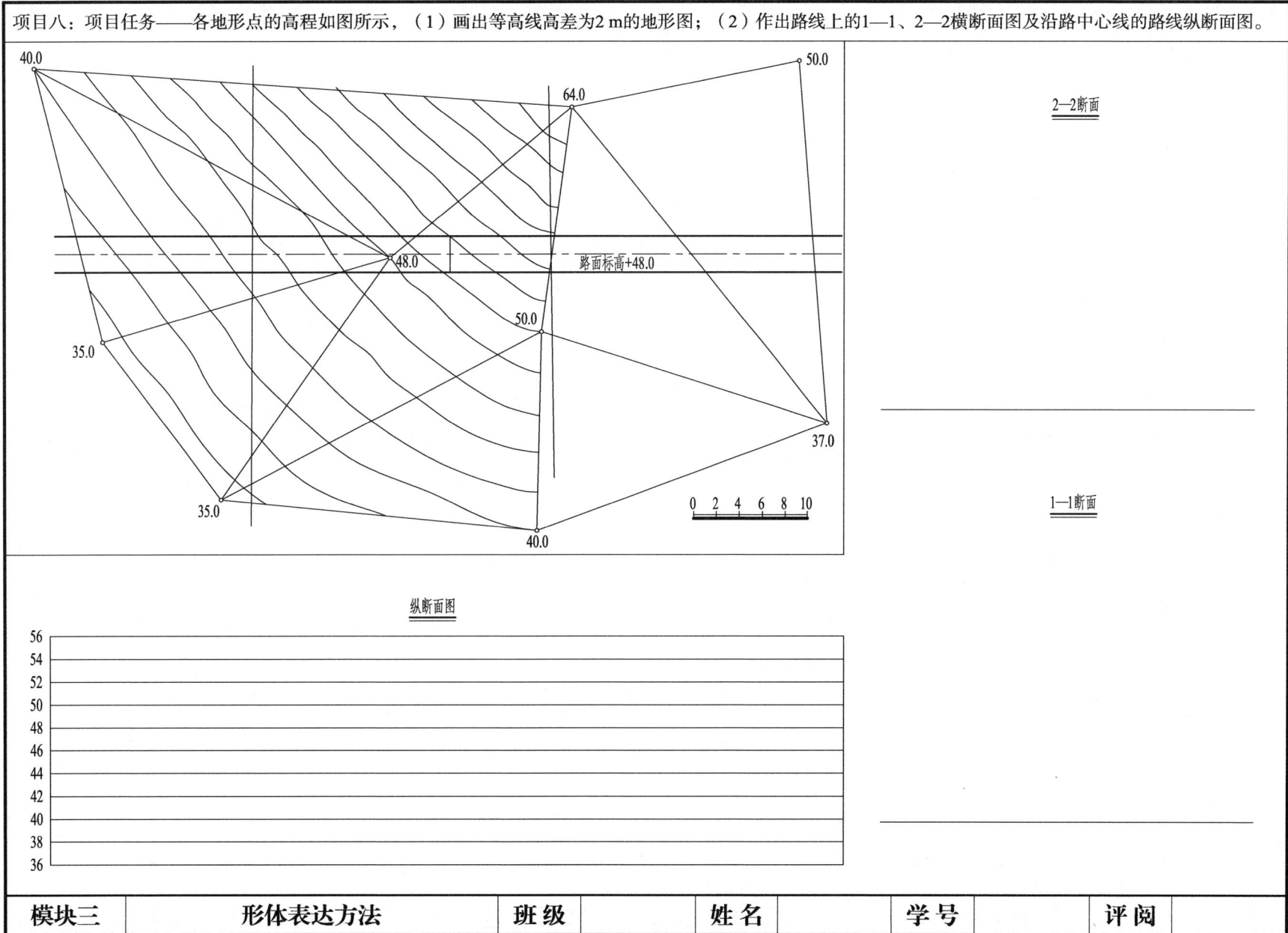

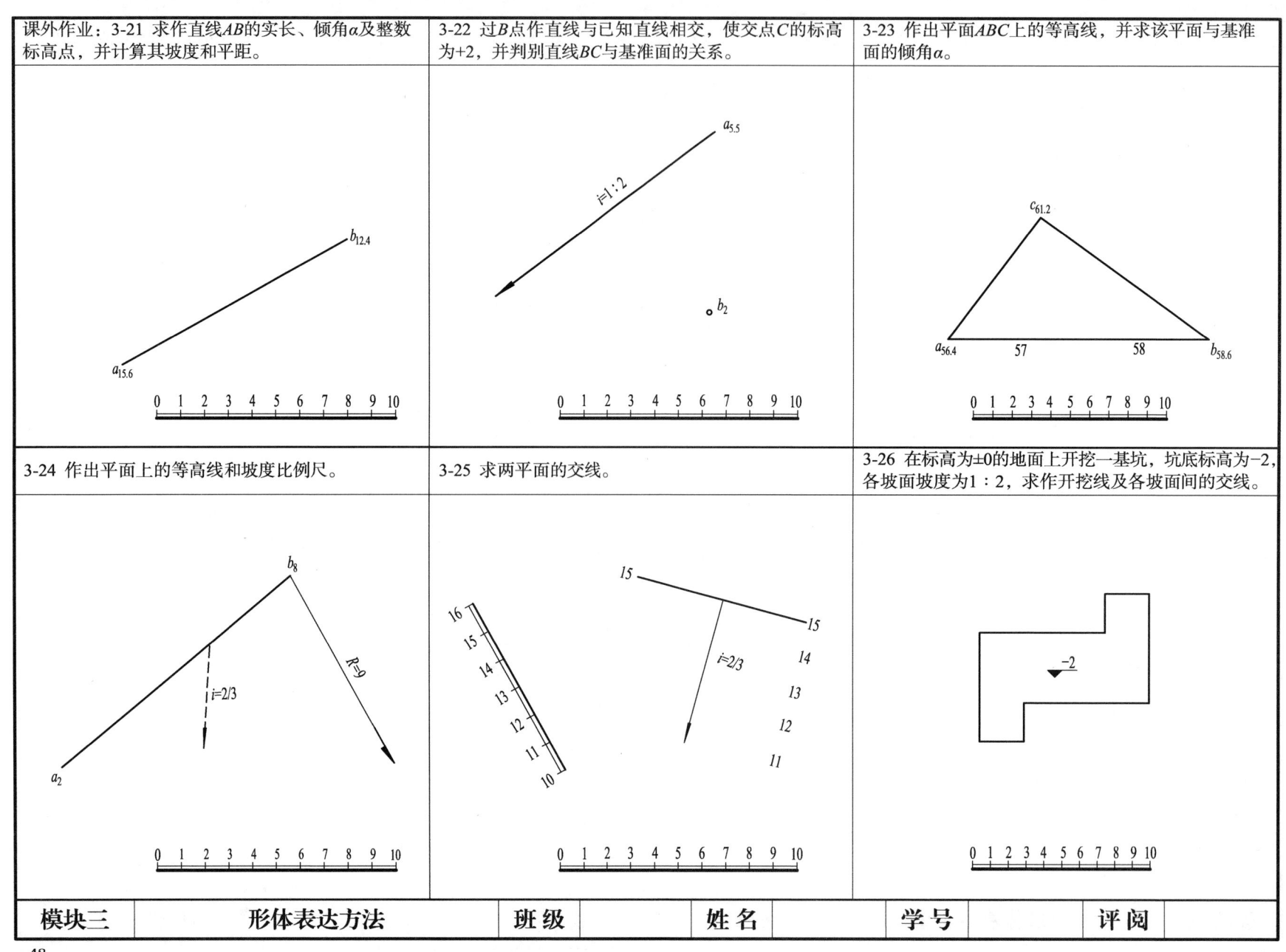

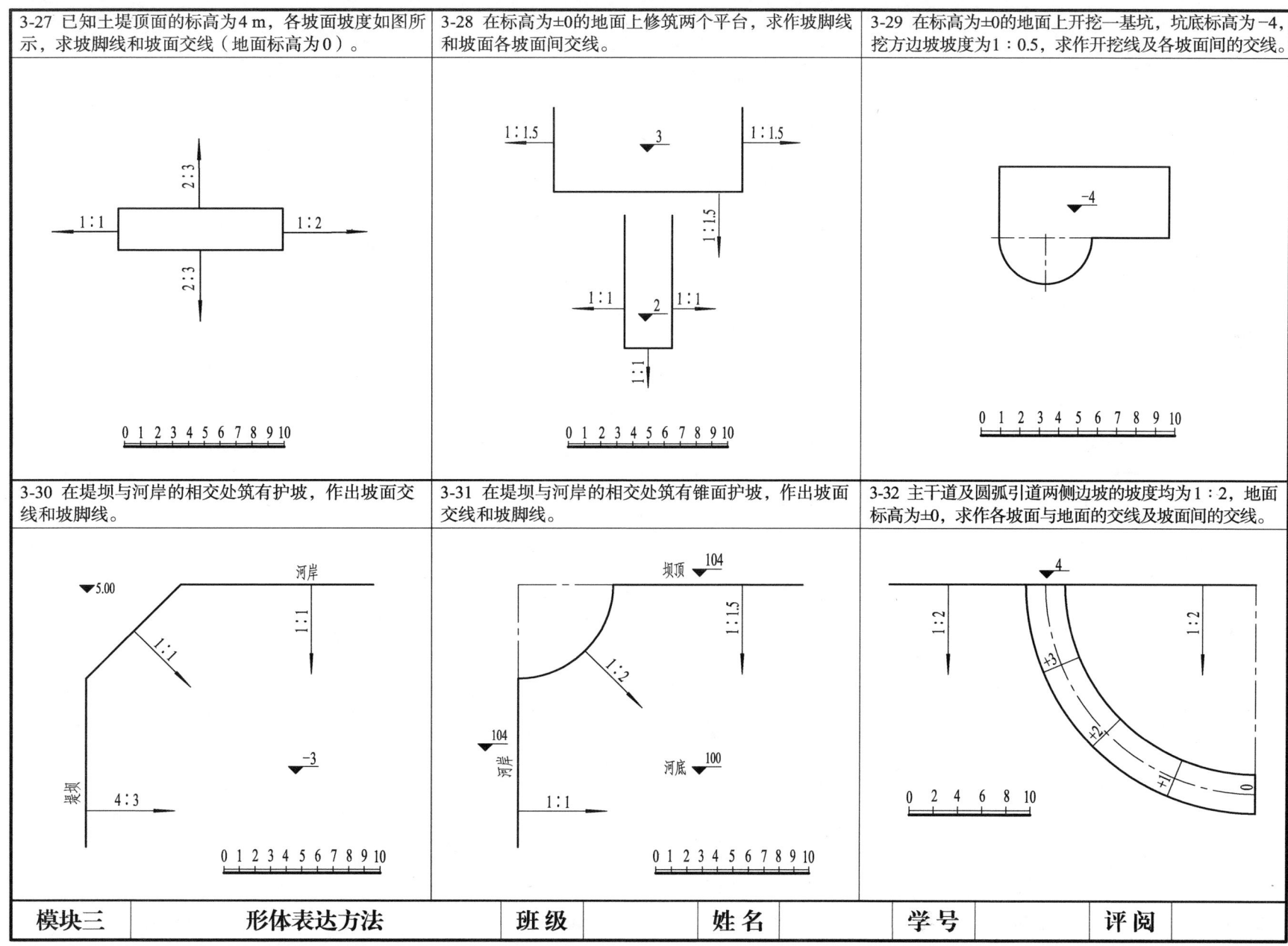

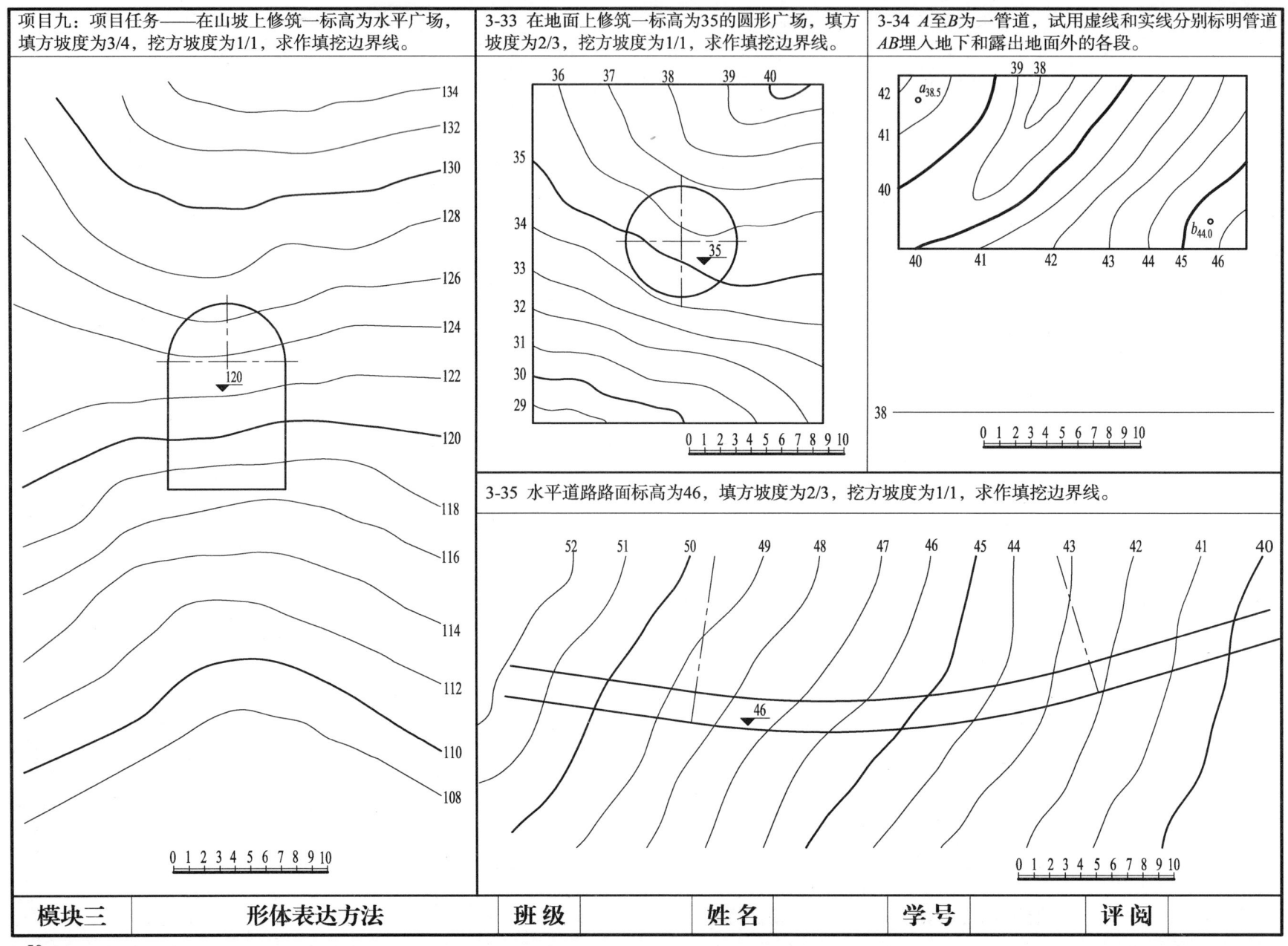

项目一：项目任务——识读路线平面图。

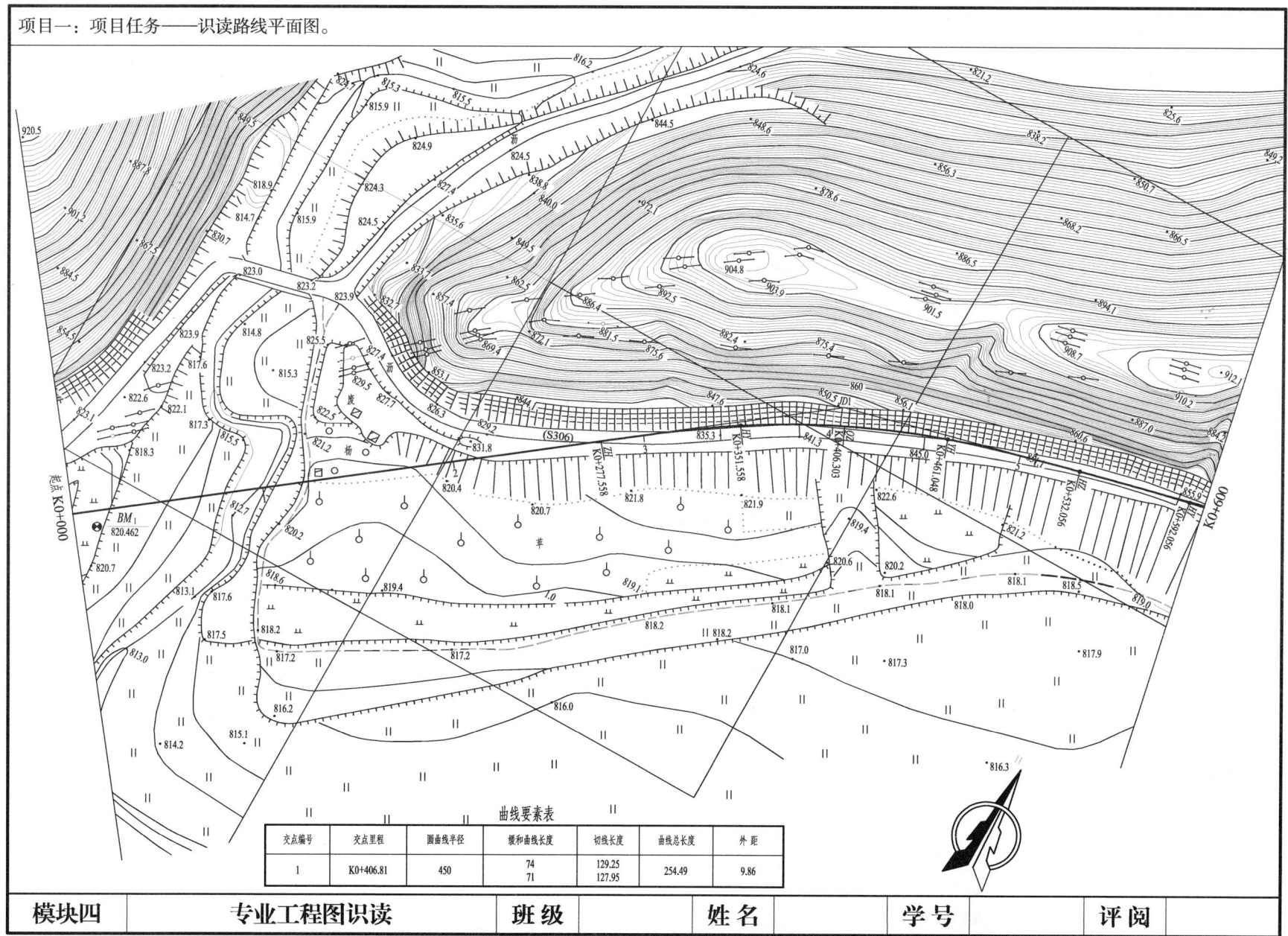

曲线要素表

交点编号	交点里程	圆曲线半径	缓和曲线长度	切线长度	曲线总长度	外 距
1	K0+406.81	450	74 71	129.25 127.95	254.49	9.86

| 模块四 | 专业工程图识读 | 班级 | | 姓名 | | 学号 | | 评阅 |

项目一：项目任务——识读路线平面图。

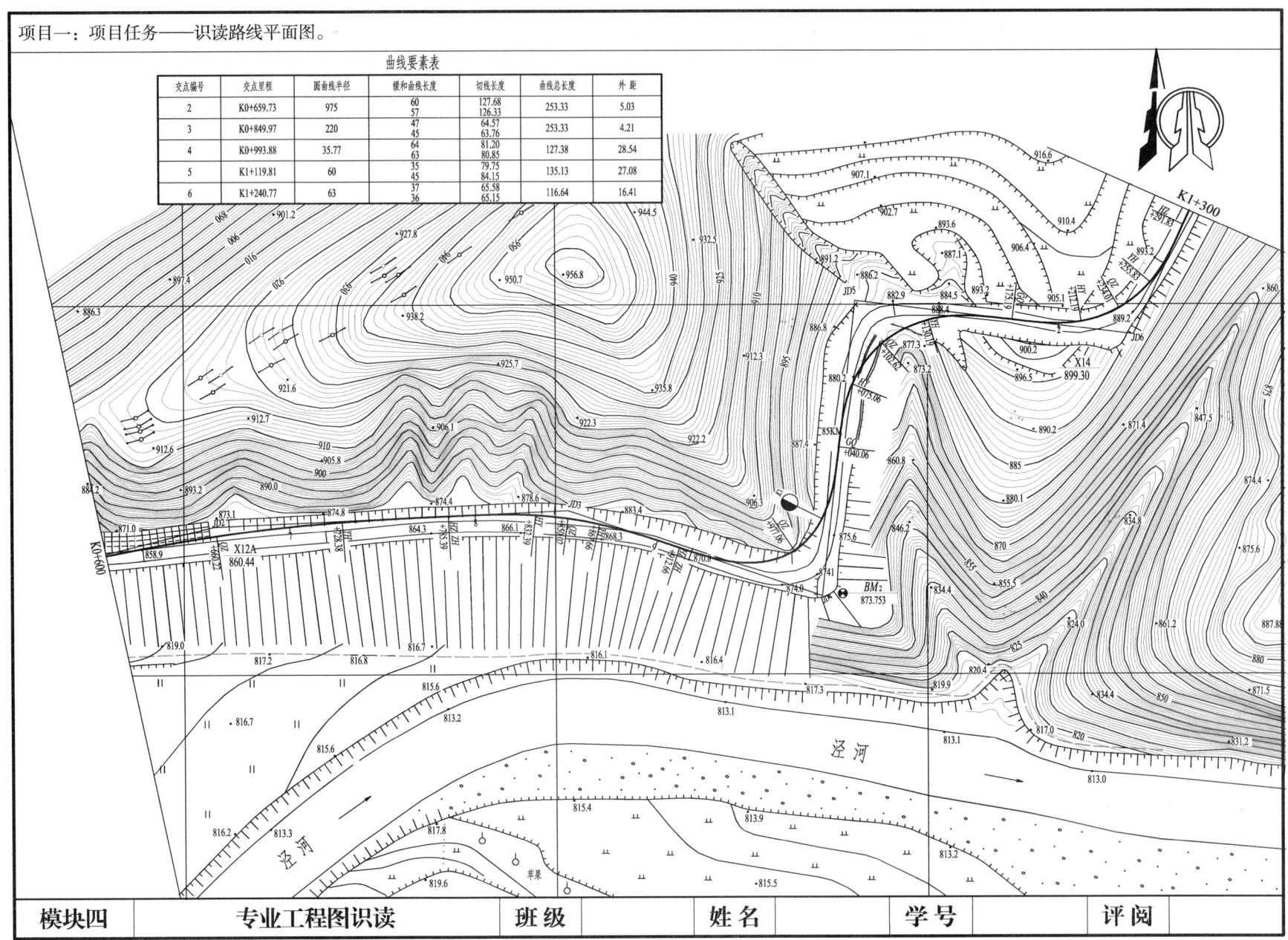

曲线要素表

交点编号	交点里程	圆曲线半径	缓和曲线长度	切线长度	曲线总长度	外距
2	K0+659.73	975	60 / 57	127.68 / 126.33	253.33	5.03
3	K0+849.97	220	47 / 45	64.57 / 63.76	253.33	4.21
4	K0+993.88	35.77	64 / 63	81.20 / 80.85	127.38	28.54
5	K1+119.81	60	35 / 45	79.75 / 84.15	135.13	27.08
6	K1+240.77	63	37 / 36	65.58 / 65.15	116.64	16.41

| 模块四 | 专业工程图识读 | 班级 | 姓名 | 学号 | 评阅 |

项目二：项目任务——识读路线纵断面图。

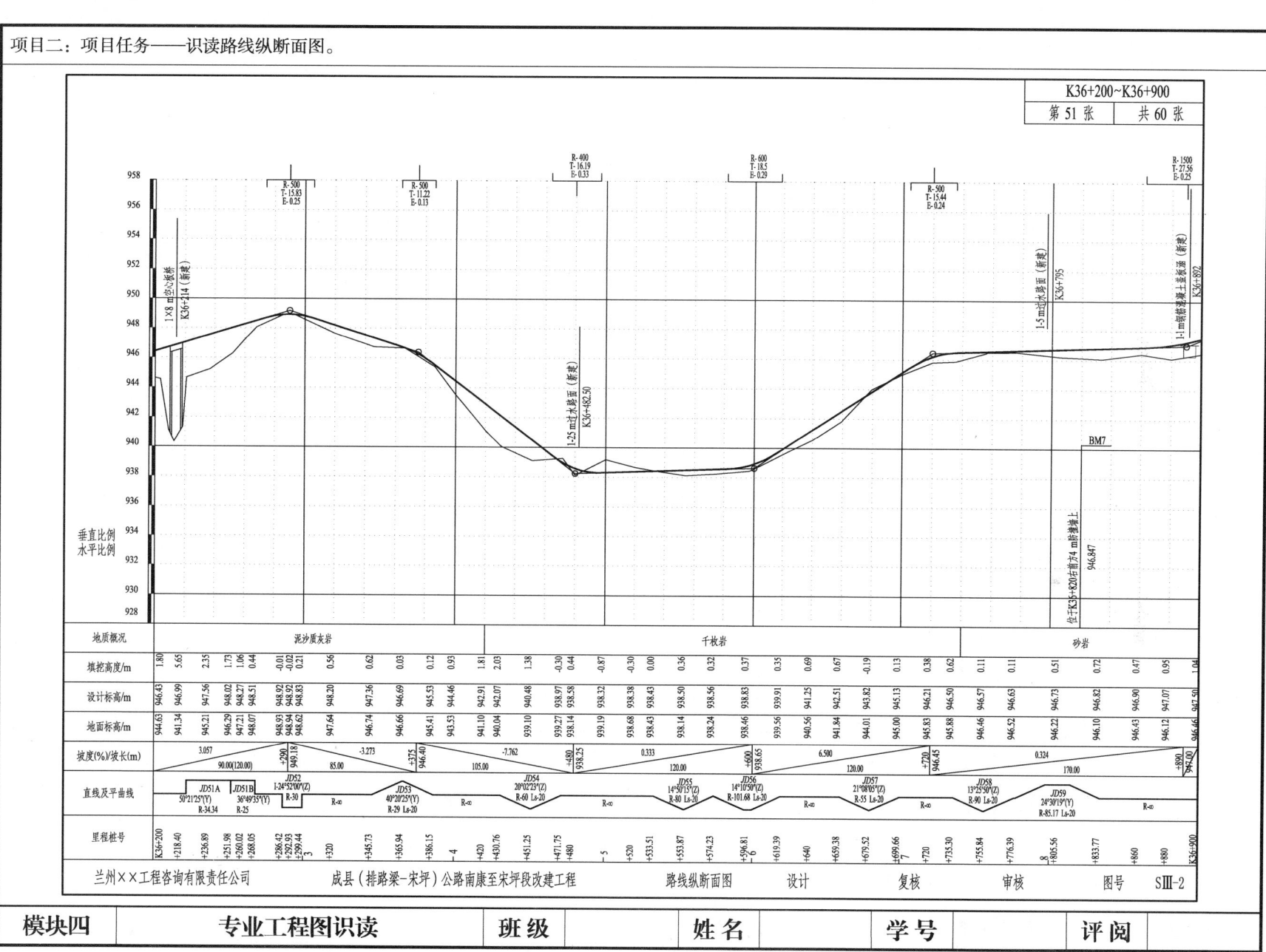

项目二：项目任务——识读路线纵断面图。

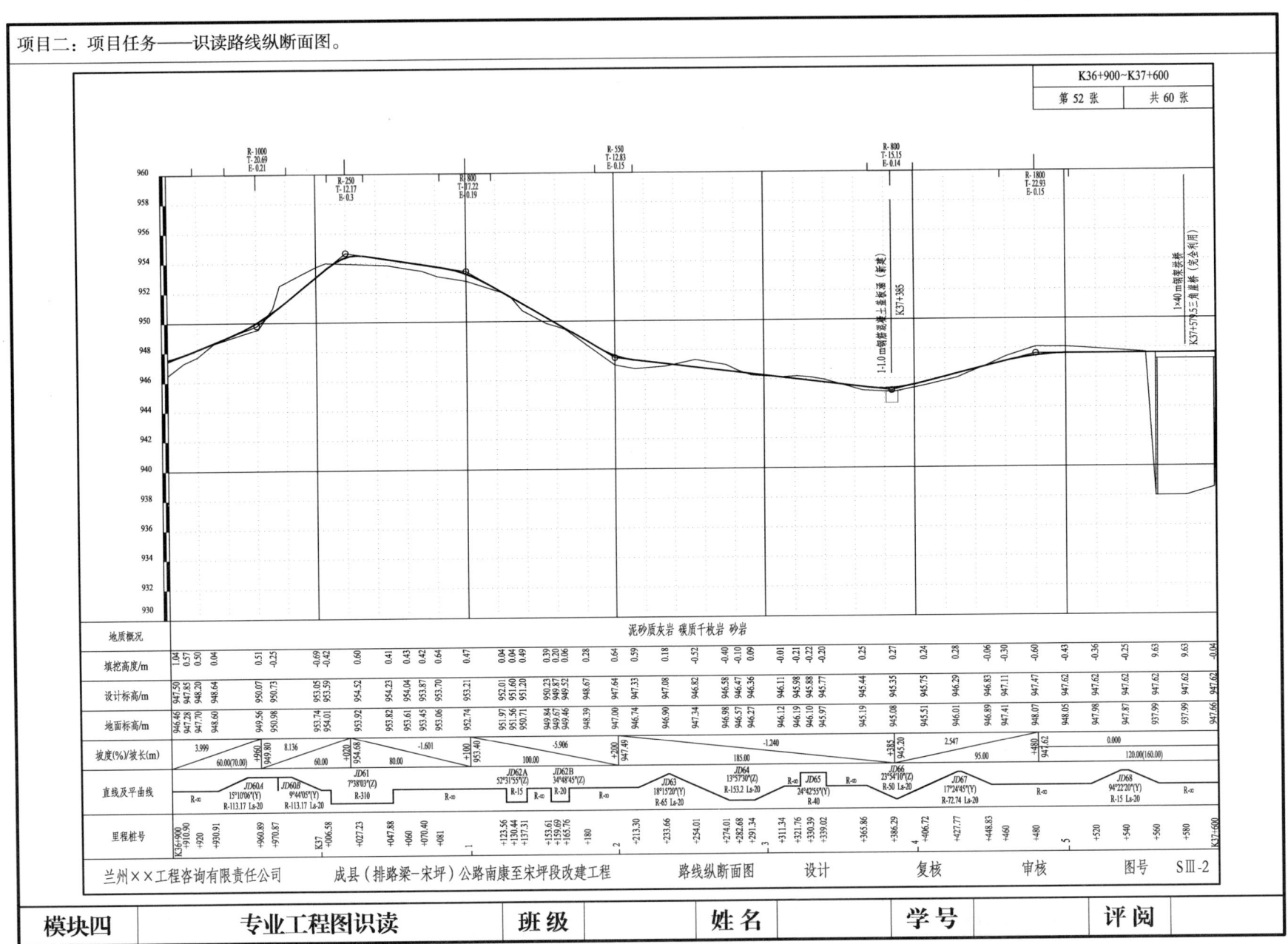

项目三：项目任务——识读路基横断面图。

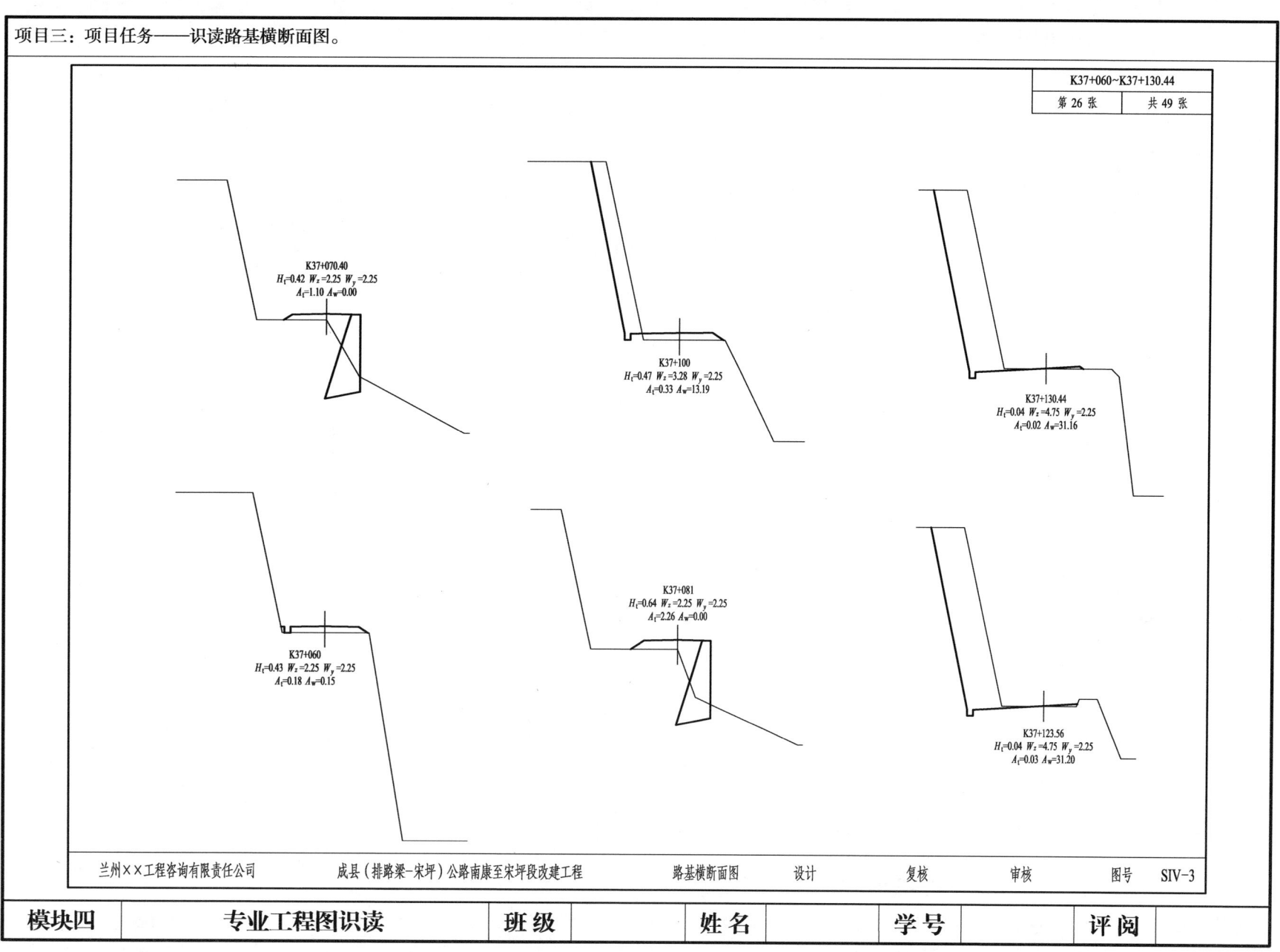

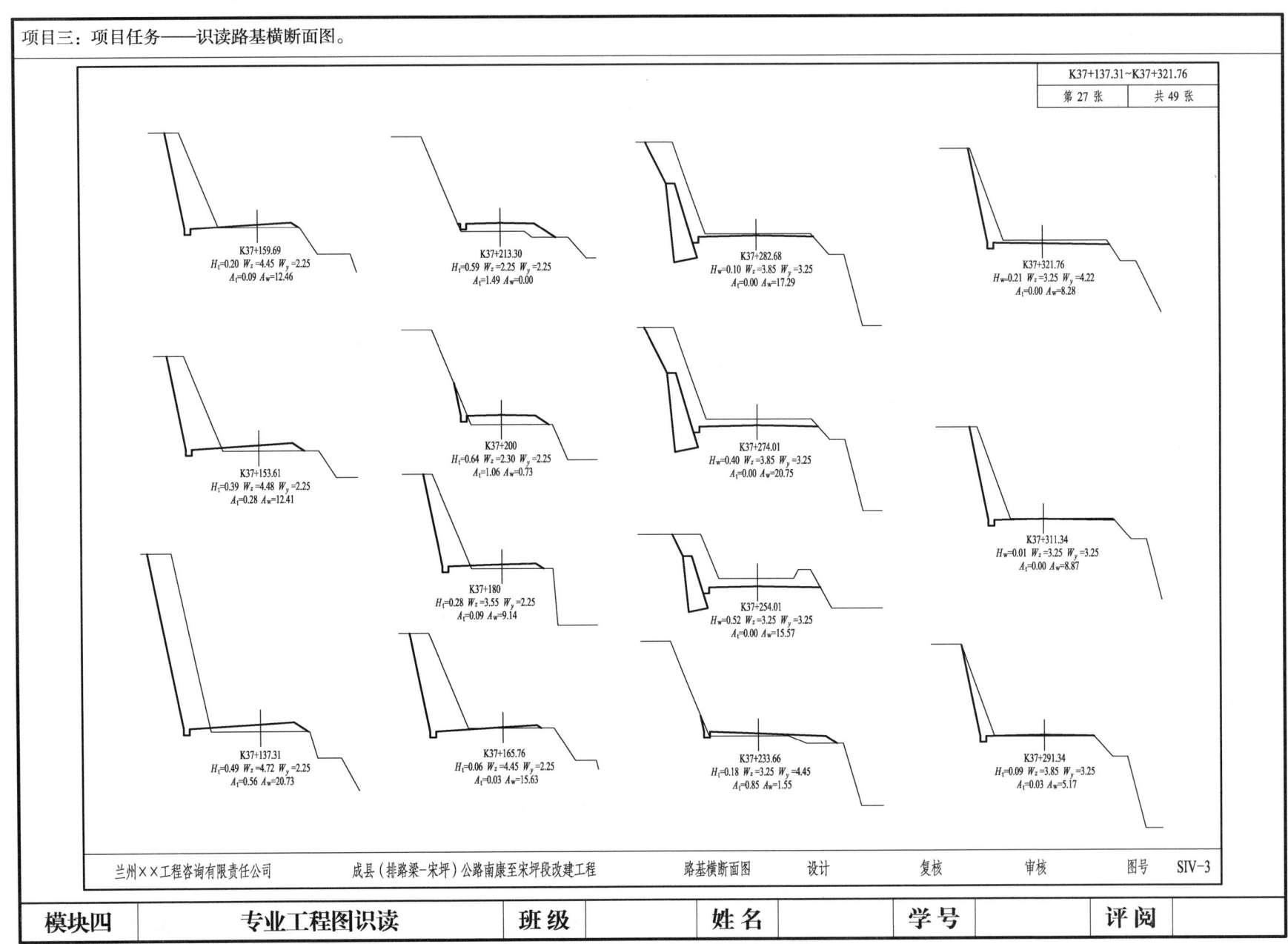

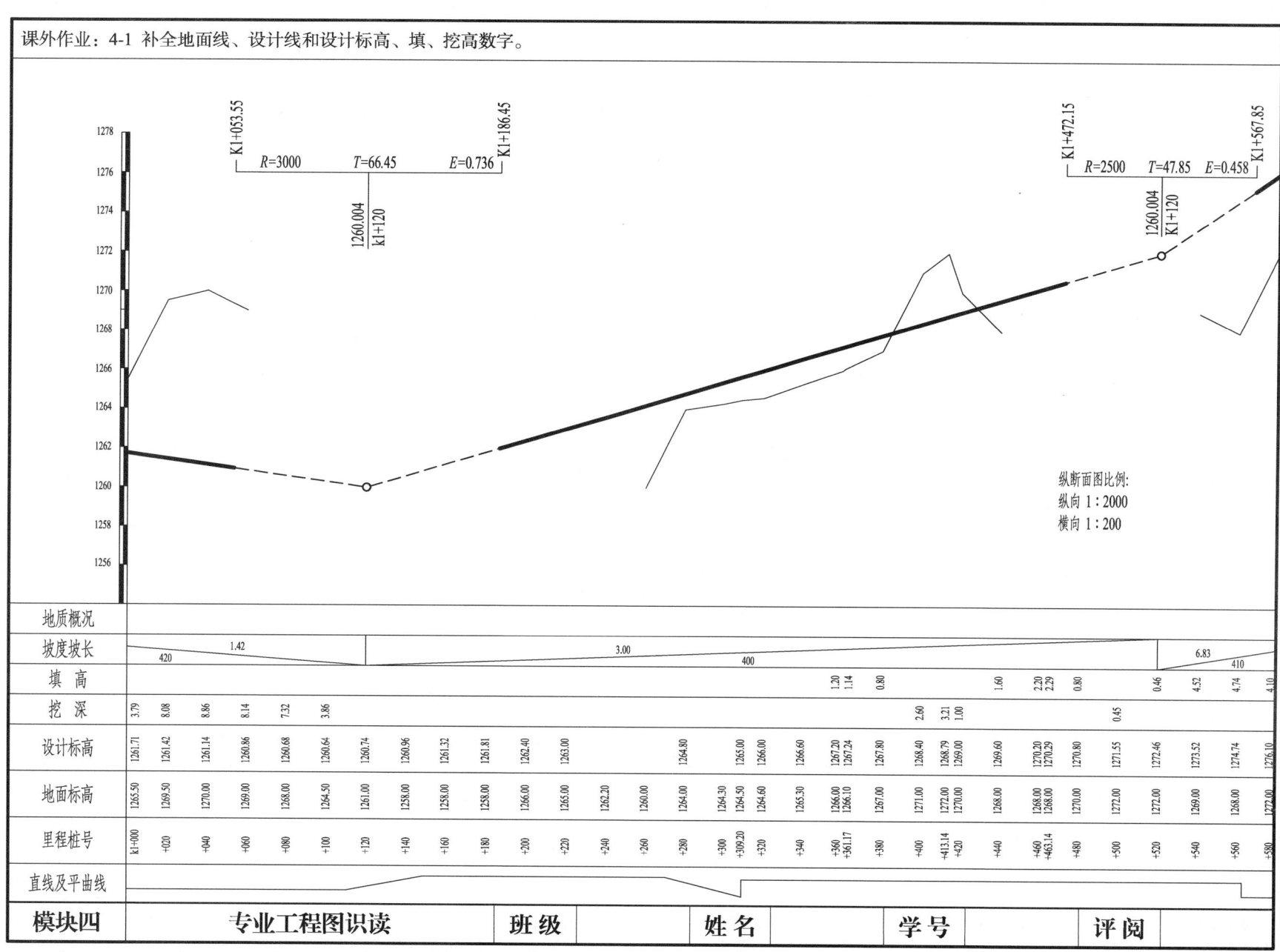

课外作业：4-2 补绘纵断面图中的地面线（细线），并依据标准横断面图绘制给定桩号处的路基横断面图（比例1∶400）。

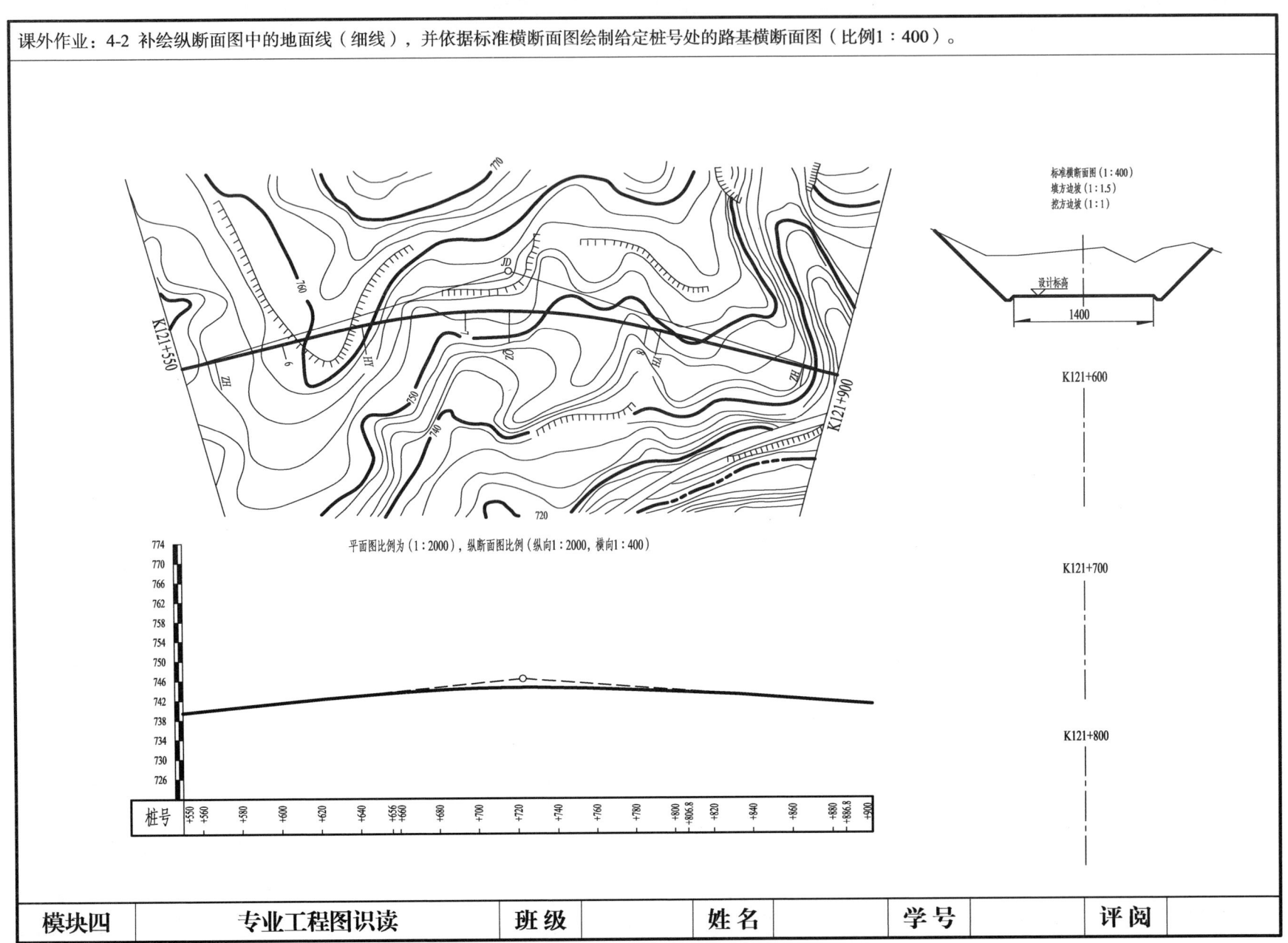

| 模块四 | 专业工程图识读 | 班级 | 姓名 | 学号 | 评阅 |

课外作业：4-3 填空与简答。

1. 配置在混凝土构件中的钢筋，按其作用可分为_____、_____、_____和_____。

2. 钢筋结构图是钢筋_____、_____、_____和_____的重要依据，它应包括_____、_____、_____、_____和_____。

3. 钢筋弯钩的形式有_____、_____和_____三种，根据需要，钢筋实际长度要比端点分别长出_____、_____和_____。钢筋弯起则有_____和_____两种形式，计算钢筋下料长度时应分别减去_____和_____。

4. 钢筋的弯钩与弯起有哪些区别？

5. 钢筋结构图的图示特点有哪些？

6. 桥梁总体布置图的作用主要有哪些？

项目四：项目任务——识读钢筋混凝土矩形梁钢筋布置图，画出2—2、3—3断面图，并计算2号和3号钢筋下料长度，填写表格中的各项内容。

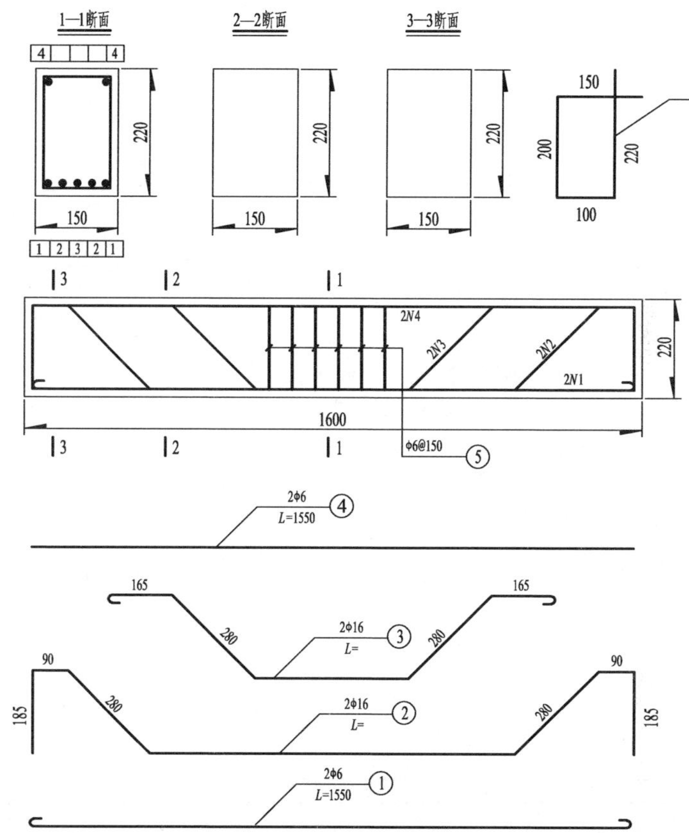

编号	直径/mm	规格	简图	单根长度/cm	根数	总长/m
1						
2						
3						
4						

模块四　专业工程图识读

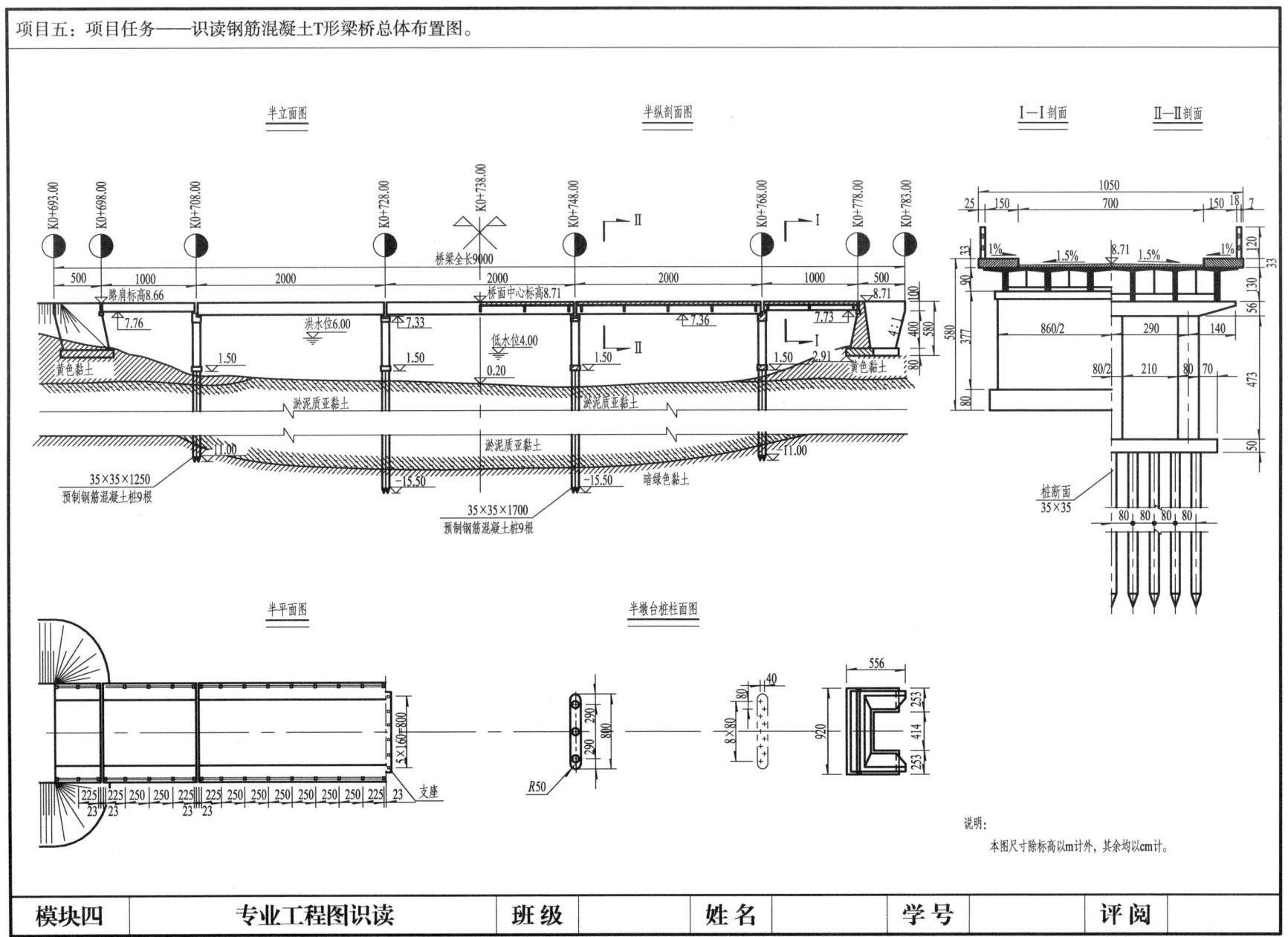

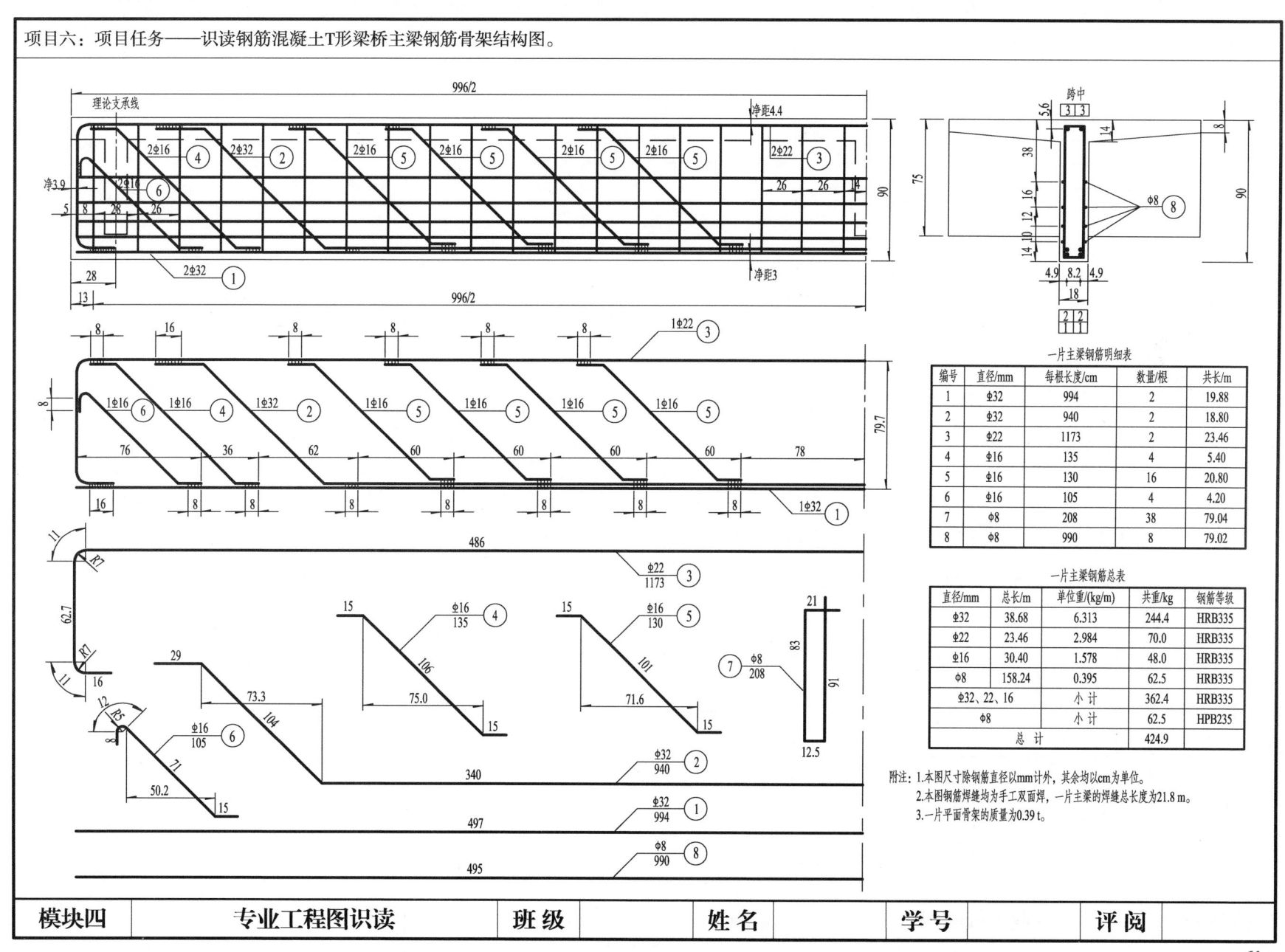

项目七：项目任务——识读钢筋混凝土桥墩构造图。

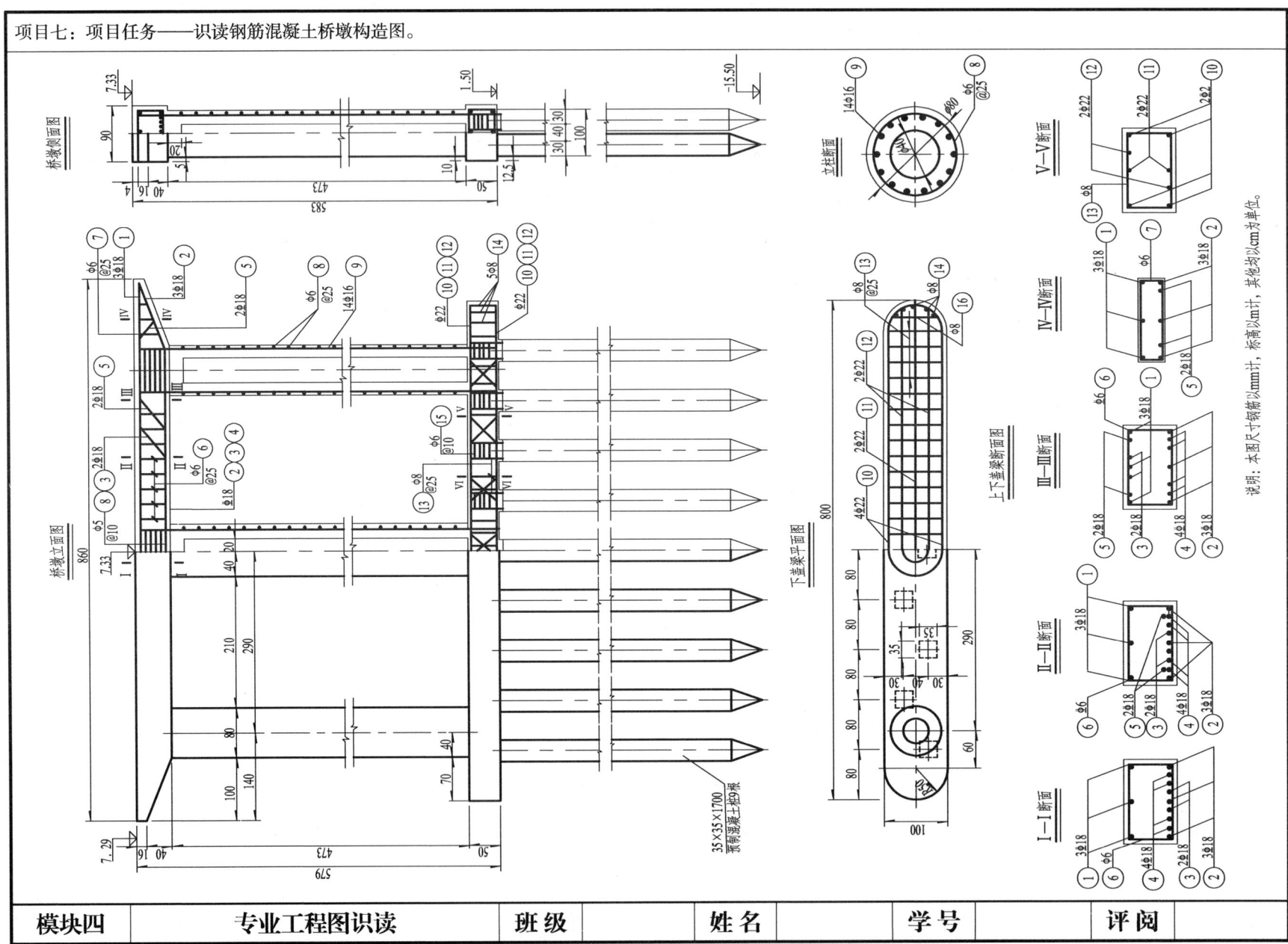

项目八：项目任务——识读钢筋混凝土T梁翼板钢筋布置图。

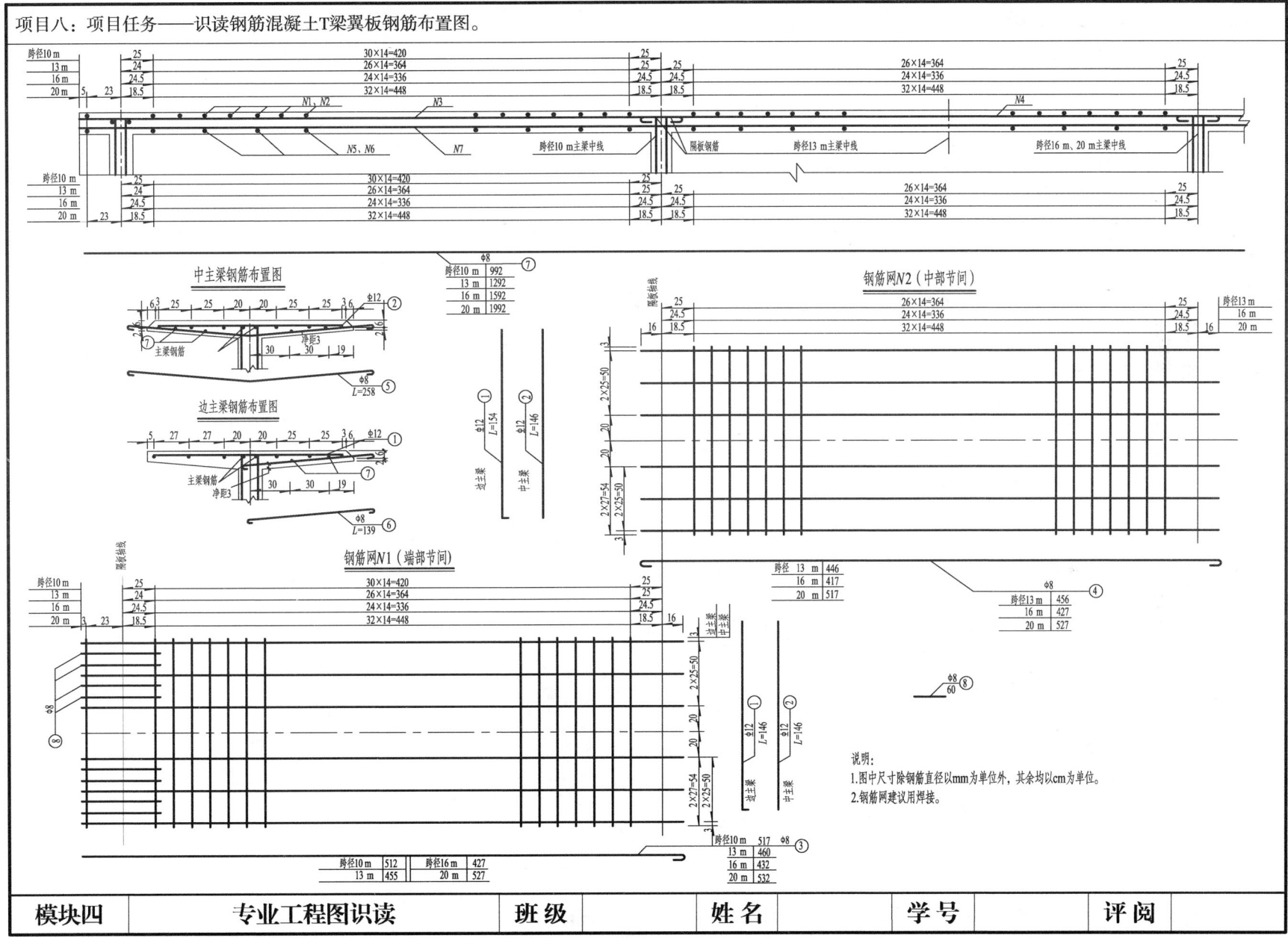

说明：
1. 图中尺寸除钢筋直径以mm为单位外，其余均以cm为单位。
2. 钢筋网建议用焊接。

项目九：项目任务——识读隧道洞门图。

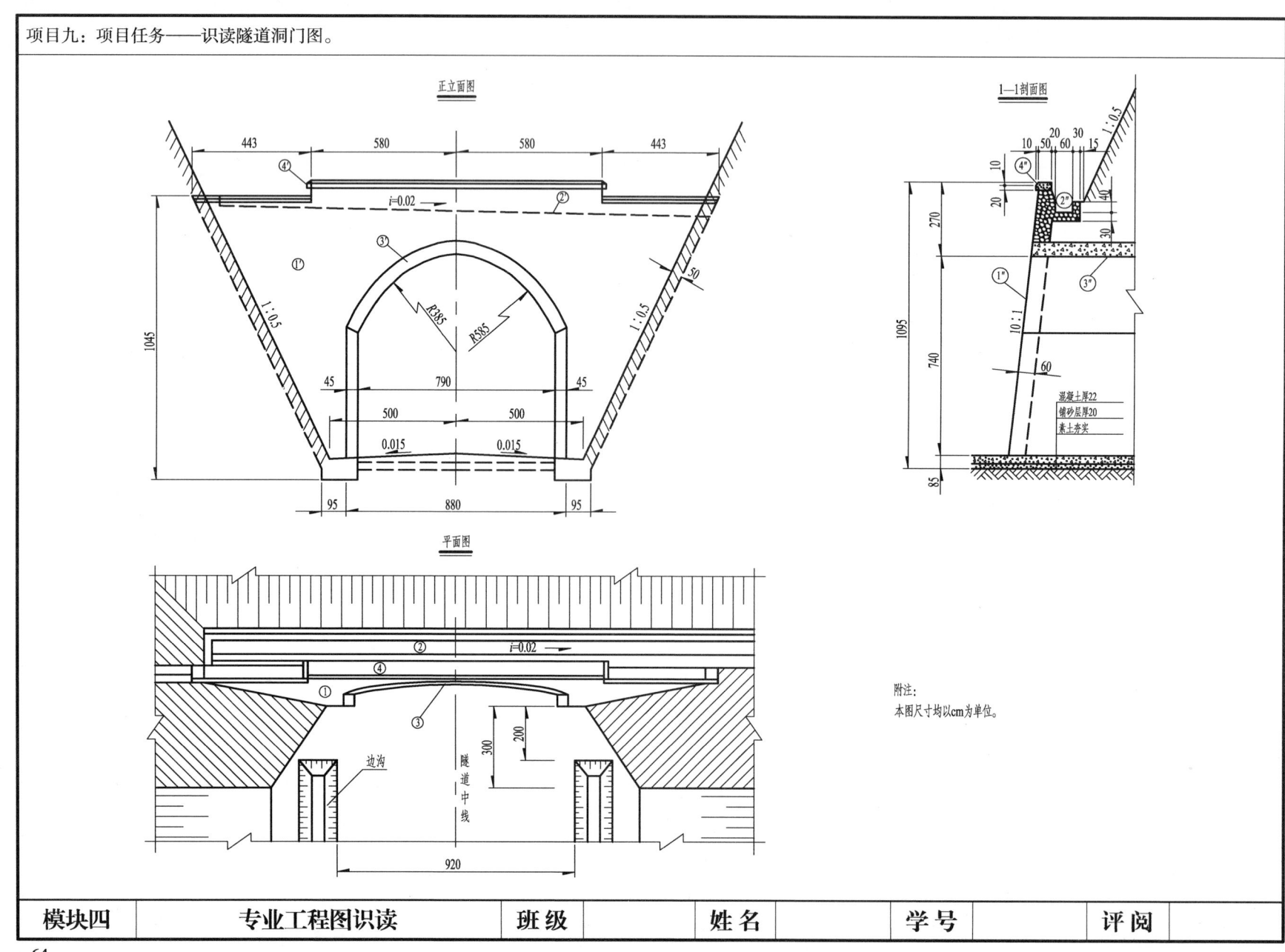

附注：
本图尺寸均以cm为单位。

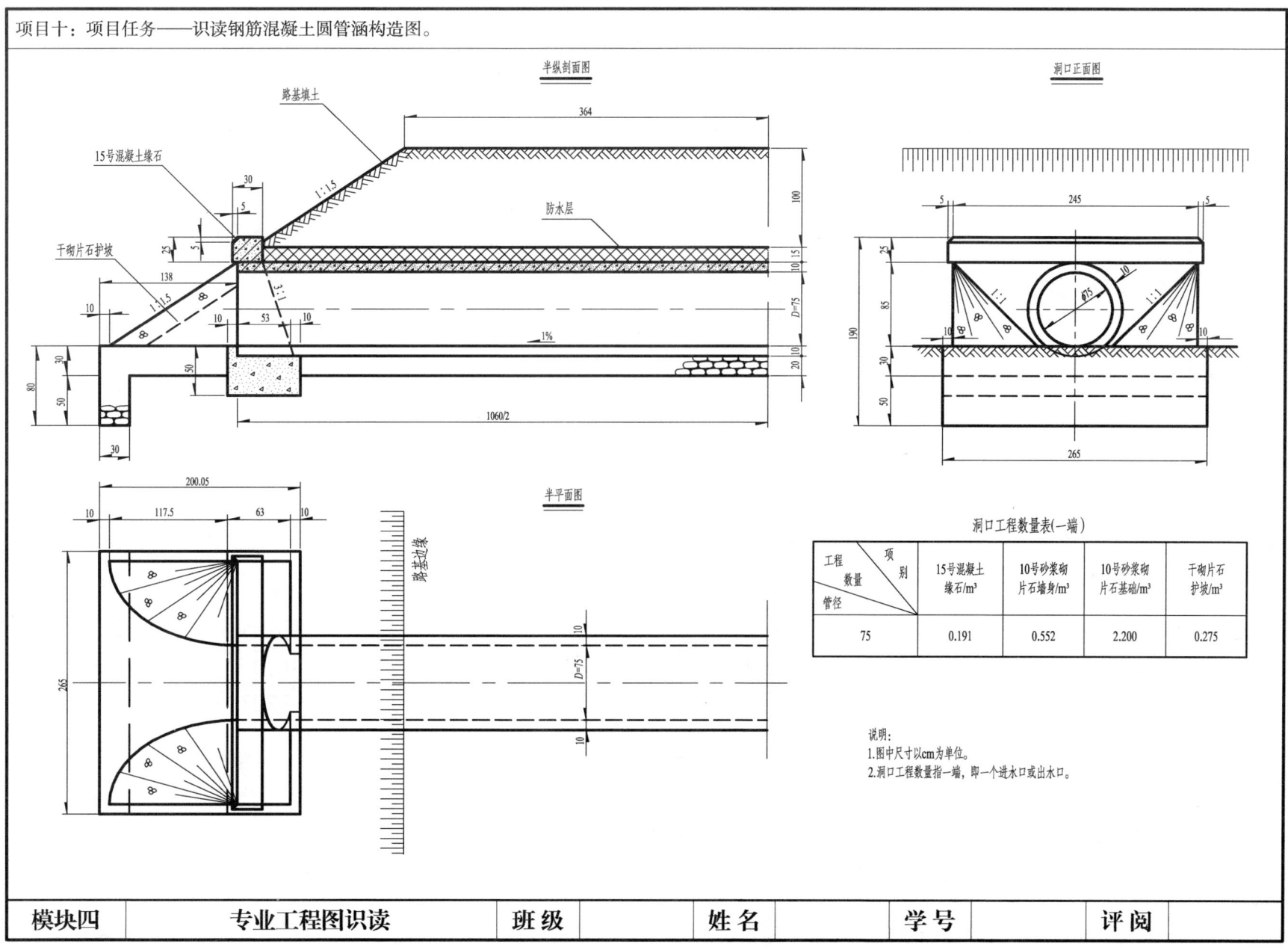

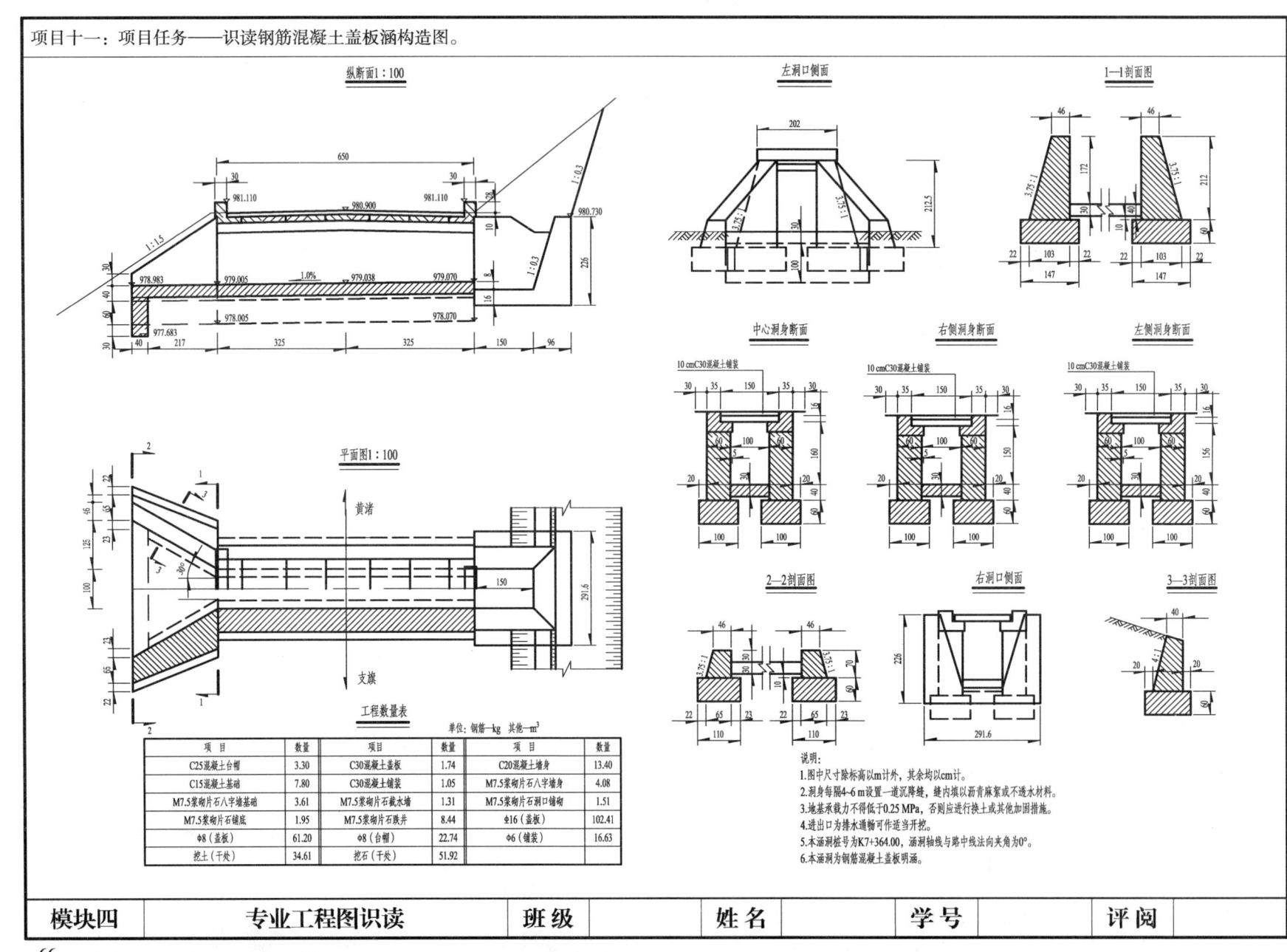